中小企業が
海外で製品を売りたい
と思ったら最初に読む本

大澤 裕
Yutaka Osawa

ダイヤモンド社

まえがき

「うちの製品・技術なら必ず海外でも需要があるだろうに、英語ができる人材がいないのが残念だ」

そう言って、海外販売を諦《あきら》めている中小企業の方が多いのではないでしょうか。

あるいは、すでに海外の展示会にも出展されてみて、結構引きはあったのに、「結局、受注には結びつかなかった。なにが悪かったのだろう」と首を傾げている方もいらっしゃるかもしれません。

「まず、その国の市場や規制の調査をして必要な認証を得てから出て行くんだ」と慎重を期して、準備に手間取っている経営者の方もおられるでしょう。

そういうみなさんは、ここで改めて海外販路の作り方を見直してみませんか。一般に、モノを作るのは得意でも売り込むことに慣れていない、という中小企業は多いようです。まして海外へ出るとなれば、言葉のカベをはじめ心配事も増えます。

しかし、要所さえ押さえられれば弱気になる必要はありません。実際のところ、英語力は海外販路開拓のすべてのプロセスで必要なわけではありませんし、認証が問題にならない場合もあります。

本書では、**素晴らしい製品・技術を海外にも売り込みたいのに、外国語の能力や営業のノウハウがなく、何から始めればよいか分からないという中小企業の方向け**に、基本的な海外販売の手順と組織の作り方をまとめました。特に、技術セールスやアフターケアが必要な製品の中小メーカーを念頭においています。

成功に向けた**最大のポイントは、自社の製品に合った海外の販売パートナー（販売代理店）を見つけること**です。販売先が欧米でもアジアでも同じです。

中小企業が海外に販売代理店をもつなんて、とても無理だとお考えでしょうか。決してそんなことはありません。優先すべきは「いかに海外に顧客を見つけるか」という点ですから、まずは現地の事情に通じた販売代理店を探しましょう。あなたの会社の営業マンとして現地で活動してくれる販売代理店網を世界中に張り巡らせるのです。

販売先・販売提携先さえ見つかれば、彼らのアドバイスをもとに現地の状況に即して認証の問題を解決できます。また製品が売れ始めて輸出業務がパターン化されれば、英語力はそれほど重要でなくなります。

本文で詳しく説明しますが、海外の販売代理店には大きく分けて2種類あります。あなたの会社から製品を購入して再販する「ディストリビューター」と、販売先だけ探して成功報酬として手数料を受け取る「セールスレップ」です。いずれかを、あなたの会社の製品や人材の状況に合わせて探していきましょう。

そして、あなたの会社にぴったりの販売代理店を見つけるためには、社内または国内取引で「あうんの呼吸」――いわば感覚で伝わっているさまざまなことを、明確に言語化して伝える必要があります。「言葉にしなければ分からない」「それを文書にしなければば情報が伝わらない」という事実はぜひご理解いただきたい点です。

「製品説明」は、販売代理店の興味の半分でしかありません。競合他社に勝る製品特性やアフターケアの必要性など製品を詳しく紹介するだけでなく、相手側の心配を受けとめて、どのようにウィン＝ウィンの関係を作るつもりなのかという誠意を、きちんと言葉にして伝えることが重要です。海外企業に「悪いようにはしないから……」などと言っても、信頼関係はなかなか築けません。

本書には、販売代理店網を作るプロセスにおいて、やってしまいがちな失敗や克服方法も具体的に挙げました。私自身の過去の失敗と成功のほか、その後に経営コンサルタントとして中小企業１００社以上の海外市場調査や販売網構築をお手伝いしてきた経験を１冊に凝縮しています。

ご存じのように、世界中で「グローバルニッチ企業」と呼ばれる存在が増えています。特定分野で世界市場の圧倒的シェアを支配するような中小企業のことです。背景には、インターネットで国境を越えた宣伝ができるようになったこと、小ロットでも機動的になった物流体制や、大手カード会社に代表される決済機能の簡素化などで、中小企業が世界中に売り込むためのインフラが整ってきたことがあります。特に、米国やドイツ、北欧などからめざましい成長を遂げる企業が生まれています。「Hidden Champion（隠れた王者）」「Born Global（設立当初から世界市場をめざす会社）」と称される会社もあり、中小企業の世界市場展開が大きな流れになっているといえるでしょう。

日本にも、キラ星のごとき技術や製品をもった中小企業は多数存在しますが、グローバルに活躍する企業の数はまだ多くありません。その技術力・製品開発力からすれば、世界へ羽ばたく企業はもっと増えていくはずです。

きっと、あなたの会社にもチャンスがあります。目標をもって要所を押さえながら行動を起こす中小企業には、海外に理想的な販売パートナーが次々と見つかり、世界市場を制覇するグローバルニッチ企業への道が開かれると信じています。

2015年4月

大澤　裕

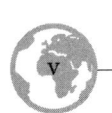

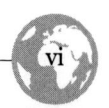

中小企業が「海外で製品を売りたい」と思ったら最初に読む本　［目次］

まえがき　i

第1章 まずは海外に販売パートナーを見つけよう

日本企業が陥りがちな失敗パターンとは？　2
海外販路開拓の手順を押さえておこう　6
「製品説明」は販売代理店の興味の半分でしかない　10
海外の販売代理店の気持ちが分かっていない日本企業　13
海外に販売代理店をもつことのメリット　16
1. 進出前の情報収集は多いほどよい！　17
2. 現地連絡先ができてエンドユーザーに便利　21
3. アフターケアの拠点になると販売代理店も喜ぶ　24
4. 各国別にカタログ製作を任せられる　26
5. 海外展示会へ共同出展して後のフォローを頼める　27
第1章のまとめ　28

第2章 海外の販売代理店は大きく2種類ある

代理店、問屋、商社…一体なにがどう違う？ 30
ディストリビューターとセールスレップの違い 32
ディストリビューターは価格を自由に決められる卸売業 34
セールスレップは成功報酬型の販売代行業 38
それぞれに合う製品特性とは？ 40
セールスレップからディストリビューターへ移行する自然な流れ 44
セールスレップとブローカーは何が違うのか？ 47
まずはディストリビューターから探そう 49
価格設定や顧客リストにこだわるならセールスレップを選ぼう 51
すべてお任せ！ できる商社はなかなか現れない 53
商社は新製品を海外に売るのは得意でない 57
市場開拓後でも商社に入ってもらうメリット 59
コラム 800円の製品が8万円で売られていた！ 61
第2章のまとめ 63

第3章 販売代理店探しには展示会を活用しよう

海外展示会で調子のよい人には慎重な対応を 66
ディストリビューター、セールスレップとココを詰めよう 68
展示会での理想的な接客方法とは? 70
多様化している海外展示会の最新事情 74
あなたの会社に合う展示会はどう選ぶ? 77
日本の展示会でも海外販路はできる 78
展示会でなく、直接アプローチも効果的 80
資料送付で〝即ゴミ箱行き〟を避けるコツ 83
知り合いを通じたパートナー紹介もありえる 85
〝社長の友人〟に任せるのは難しい 86
コラム たった5名の会社でも世界中に販売網を作れた! 87
第3章のまとめ 89

第4章 海外で通用する資料を作るには日本語から見直そう

たかがカタログ、と侮るべからず 92
英文カタログは日本語から作り直そう 96
価格表は外せない情報だ 101
販売代理店向けの提案書を作成しよう 103
想定されるエンドユーザー候補 106
エンドユーザーへの売り込み手順 107
販売代理店に求める役割 108
販売代理店側のメリット 110
第4章のまとめ 112

第5章 契約は必ず結び、規制・認証や法的問題には随時対応を！

契約内容は口約束でなく書面にしよう 114
契約書はみずからの責任を最小化する 117
国際弁護士の効果的な使い方 118
セールスレップやディストリビューターとの契約で合意すべきこと 121
セールスレップとの契約 121
独占ディストリビューターとの契約 124
非独占ディストリビューターとの契約 126
独占権を与えることに躊躇しすぎるな 126
規制・認証問題に対応する適切なタイミングとは？ 128
PL法も過度の心配は禁物 131
海外販売に不安は付きもの。現実的な対応を！ 133
コラム 泥縄方式がいいこともある 136
第5章のまとめ 138

第6章 海外パートナーとウィン＝ウィンの関係を作るコツ

パートナーとは最初の1年で良好な関係を築こう 140
販売代理店（セールスレップ、ディストリビューター）向けの任命書 140
販売代理店専用の販促資料 142
ダイレクトメールでの紹介 145
ジョイントコールでもうひと押し 146
展示会での共同販売 147
サンキューレターや表彰状の威力も大きい 150

第6章のまとめ 152

第7章 英語の必要性に応じて社内体制を整えよう

英語がマスターできてから……という考えは捨てよう　154
ビジネスに通用する英語力は測りづらい　157
アジアからの留学生の英語力を過大評価しない　159
翻訳で信頼できるのは「外国語→母国語」の場合　161
プロジェクト型で外部人材を活用しよう　163
販売代理店網を築く手順で英語力が必要なのは一部だけ　165
Ⅰ　事前の資料準備段階（1～4カ月目）　165
Ⅱ　販路網開拓段階（5～12カ月目）　166
Ⅲ　販売代理店教育・共同販売段階（13カ月目～）　170
Ⅳ　安定段階　171
まずは1年間頑張ってみよう　173
コピーを恐れすぎるな。タイ焼きのしっぽはくれてやれ　176
第7章のまとめ　179

あとがき　181

［付録］

国レベル　海外展開支援機関　217

地方レベル　海外展開支援機関　212

海外展開一貫支援ファストパス制度の参加機関・自治体　205

ジェトロが出展支援する海外展示会　199

第 1 章

まずは海外に
販売パートナーを
見つけよう

日本企業が陥りがちな失敗パターンとは？

日本にある中小企業が、非常に面白い製品を開発したとします。「これは世界でも売れるかもしれない！」と考えたときに、何から始めようとされるでしょうか？

実は、多くの会社がとる行動パターンがあるのです。

第1に、英語のホームページ（HP）の開設です。

なんといっても製品説明がないと始まりません。とりあえず、今の日本語HPをそのまま英訳します。その英文HPができた時点で、海外で自社製品に興味をもってくれそうな会社に対し、直接宣伝のメールも出してみます。

ところが、実際にこのHPやメールに潜在顧客から反応があって、注文に結びつくことはまずありません。

名前も知らない日本企業からの宣伝メールなど、まず見てくれないでしょう。万一、HPを見てくれたとしても、よく知らない会社や製品など怖くて注文も出せません。多くの日本企業が知らない企業から宣伝メールをもらっても自動的に無視するのと同じことです。

「やはり、実物を見せないと始まらないね」という話になって、第2ステップとして考えられるのが海外展示会への出展です。

初めて海外展示会に出展するとなると、不慣れで大変なことばかりです。適切な展示会の調査、主催者へのコンタクト、出展申し込み、ブースの場所や装飾の打ち合わせ、英文での製品資料の準備、製品の輸送手続き……等、開催前にしなければならないことが山積みです。

前々日に現地入りしてブースの設営です。

そしていよいよ本番当日。多くの人が来場されてブースはごった返しています。みなで一生懸命に対応するでしょう。やっと展示会が終了したころには、クタクタに疲れています。「ハ～終わった、終わった。今日は打ち上げだ。飲みに行こう！」とひと仕事を終えた気分です。

本当はこの**展示会の終了直後から、話をした人やいただいた名刺の主に対して営業を開始しなければならない**のですが、現地でフォローアップする人もいなければ、現地連絡先もありません。

1カ月後に日本からフォローアップのメールが送られればよいほうでしょう。

「先月、シンガポールの展示会に出展しました日本X社です。貴兄は我々のブースにおいでくださり、とても興味をもってくださいました。その後、ご検討いただだいていると思いますが、いかがでしょうか？」

運がよければ返信があります。「大変素晴らしい製品だと思いました。購入が決まりましたら、こちらからご連絡を差し上げます」といったメールです。しかし、ほとんどの場合は返答さえありません。

結局、半年たって「展示会での反応はよかったけれど、注文は1件もなかったね」という結論になることは珍しい話ではありません。

これらの失敗を経て、特にお金がある会社であれば、こう考えます。

「やはり、海外現地に連絡先とフォローアップする人材が必要だな。よし、海外子会社の設立だ」――これが、第3ステップです。

中国なら上海、東南アジアならシンガポール、米国ならロサンゼルス、欧州ならデュッセルドルフといった場所に子会社を設立します。日本語と英語ができる責任者のほか、秘書兼経理の担当者、そして若くて生きのいいセールスマンを2名ほど雇って、計4名体制で営業開始です。

この時点でいくらぐらいの経費がかかるか、ざっと計算してみましょう。

責任者700万円＋秘書300万円＋セールスマン400万円×2名＝1800万円

そう、欧米の場合、人件費だけで1800万円もかかるのです。これにオフィス代や責任者の現地の家賃、保険や営業費等をいれると年間3000万円程度はかかります。中国・アジアでも年間1500万～2000万円程度はかかるでしょう。

ひとつの製品も売れないうちから、1500万～2000万円もの年間経費が発生してしまいます。数年たって数千万円から億円単位の経費をつかった挙げ句、「中国なら日本よりずっと売れると思ったけれど、予想したほど売れなかったね（または、まったく売れなかったね）」といった感想をもって撤退する日本企業はあとを絶ちません。

ほかに方法はなかったのでしょうか?

海外販路開拓の手順を押さえておこう

海外販路の開拓には一応のセオリーがあります。販売先が欧米であろうとアジアであろうと同じです。以下のような手順を踏んでください。

販売提携：現地の販売パートナー（販売代理店）との提携

↓

自社の販売体制構築：実際に売れると確認。必要なら海外子会社・自社販売店を設置

↓

在庫倉庫の確保：必要なら、在庫を現地にもって迅速・安価に配送

↓

現地生産体制（工場）の確立：必要なら、現地生産の開始

このプロセスを、より具体的に考えてみましょう。

たとえば、東南アジアに販売したい製品があるとします。

まず、やるべきは東南アジア各国にその製品に適した販売代理店を見つけることです。タイ、インドネシア、フィリピン、マレーシア、ベトナムに適切な販売代理店を見つけて彼らに販売をしてもらうのです。

もしフィリピンの販売パートナーの売上が伸びていったなら、そこに日本から販売・技術スタッフを送りこんで支援するとよいでしょう。売上の伸びは加速するはずです。

また販売代理店契約が切れたタイミングで、関係を解消して自社の販売子会社を設立するという選択もありえます。すでに売上が発生しており、地元の慣習も理解している状況ですからリスクはありません（ただし契約解消には注意が必要です。詳細後述）。

さらに製品が売れるようであれば、フィリピンに在庫倉庫をもちます。輸送費は安くなり、配送期間は短くなります。もっと売れるようであれば、最終的にはフィリピンでの現地生産を開始します。

以上のような流れが、一番無理のない海外販路開拓のセオリーと言えます。

ときどき次のような相談を受けます。

「この製品を東南アジアに売り込みたいのですが、日本で生産して向こうにもって行って販売しても利益が出ません。だから、まずは東南アジアに工場を建設しようと思うんです」

ですが、これは無謀というものです。

まだ**製品が売れるか、売れないかまったく分からない状況で、莫大な投資が必要な工場建設はリスクが大きすぎ**ます。まかり間違えば、日本本社が傾きかねません。

ここで言っておきたいのは、東南アジアに工場をもつこと自体を否定しているわけではない、ということです。会社および市場の全体的な状況から判断して、「フィリピンに工場を作ったほうがよい」という判断はありえるでしょう。

私が問題にしているのは〝フィリピンにモノを売り込む目的で〟フィリピンに工場を作る、という目的の部分です。それはリスクが大きすぎはしないでしょうか。

まずは販売先を確保することが先決です。そして、販路開拓の第一歩は、海外に適切な販売代理店を見つけることです。

その候補会社とミーティングの場を設けて、提携の可能性を協議するだけでも大きな情報が得られます。多くの場合、当該国で複数の販売代理店候補の言うことは一致するからです。どの製品に可能性があるか、どういった市場に売り込めるか、製品の機能や形状や色が適切かどうか、といった点については、まるで打ち合わせしたかのように一致する場合が多いのです。

もちろん、エンドユーザーに直接アプローチできればよいのですが、**エンドユーザーにとって知らない日本企業からのアプローチはただの売り込みにすぎません。**「売り込み」と分かった瞬間にドアを閉めてしまう人が多いのは世界のどこでもいっしょです。特に、海外の聞いたこともない中小企業からの売り込みなど、一顧だにされないのが普通でしょう。

エンドユーザーではなくビジネスチャンスを探している販売代理店候補だからこそ、こういったミーティングが可能になるのです。

「製品説明」は販売代理店の興味の半分でしかない

海外展示会で販売代理店候補と接触した日本メーカーが、よく犯す間違いがあります。

販売に興味を示した候補会社に次のように言うのです。

「我々は、この国のことは何も知りません。この展示会に出すのも初めてなのです。何も知らないので、この国の販売についてはあなたの会社にお任せします。販売価格や営業方法もすべてをお任せします。どうぞご自由に売ってください」

一瞬、謙虚にも聞こえます。「我々は何も知らない。だから口を出さない。自由にやってくれ」と言っているのですから。

しかし、**考えなければならないのは、「自由にやってくれ」と言われた販売代理店はうれしいかという点**です。

近年、日本企業が海外に売ろうとする製品は、えてして単純な構造でよく売れる製品ではありません。

ラジオを例にとりましょう。

昔、日本勢が売っていたラジオは真空管をトランジスタに変えたものでした。小型で性能がよく、安価でした。販売店は迷う余地がありません。メーカーから躊躇《ちゅうちょ》なく買っても、真空管ラジオを使っているところにもっていけば、たちどころに売れたでしょう。右から左にすぐに売れて手離れのよい（流動性が高い）、利益の高い製品だったのです。

ところが、今の日本企業が売ろうとしているのは、音声に合わせて振動するラジオ、匂いが出るラジオといった複雑な製品ばかりです。確かにどこかに市場がありそうですが、本当のところ分かりません。当然のように価格も高いです。

使い方も難しいため、販売店自身が勉強せねばならず、それでも簡単には売れません。半年間もかけてやっと顧客が特徴と価格に納得してくれたと思ったら、その顧客がインターネットでメーカーを特定して直接コンタクトをとったりします。「大口注文するから安くしてくれないか」というのです。

これでメーカーが顧客に直接販売したら、その販売代理店は何のために半年間も頑張って売り込んだのかと怒るに決まっています。体よく無料で販売協力をさせられただけだからです。そんな事態に陥りやすいことを販売代理店側もよく分かっているので、「自由に売り込んでくれ」と言われて喜ぶ販売代理店はいないのです。

インターネット時代の販売代理店のあり方は、過去のそれとはガラリと変わりました。彼らはメーカーと顧客を結びつける存在ですが、彼らには「自分たちが一生懸命に売り込んでも、結局は飛ばされるのではないか？　最初のサンプル注文ぐらいは自社を通して購入してくれても、大口注文になると顧客はインターネットを通じてメーカーに直接注文するのではないか？」という不安があります。

そういった彼らの不安をまったく考慮せずに製品説明ばかりして、「自由に売ってください」と暢気《のんき》にお願いしても、応えてくれる販売代理店は見つかりません。

実例をあげましょう。

以前、特殊な手袋をアメリカで販売しようとしたときのことです。米国北西部のシアトル地域に大きな影響力をもつディストリビューターに売り込もうと訪問しました。その責任者は、開口一番「日本の手袋は二度と扱いたくない」と言い放ったのです。

なんでも数年前に同じような日本の手袋メーカーを扱ったときに、一生懸命に売り込んで、やっと大口取引先を確保して売れ始めた途端に、その大口取引先に日本メーカーが直接、製品を卸し始めた苦い経験があるとか。

「二度とあんな目にあうのはごめんだ。もし売ってほしければ、我々をこの地域の独占代理店（セールスレップ）として正式に任命する契約書をもってこい」と言われました。

このように、**海外の販売代理店は早々に自分が中抜きされることを心配**しています。メーカーがその不安を理解せずに製品説明ばかりしていても説得はできません。販売代理店が求めているのは、彼らの権利を守る適切な提案なのです。メーカーとウィン＝ウィンの関係がもてるという確信がまずほしいのです。

海外の販売代理店の気持ちが分かっていない日本企業

では、なぜそういった販売代理店の気持ちに、日本企業は鈍感なのでしょうか？

それは**日本では実のところ、販売代理店の必要性が極めて低かった**からです。活用するノウハウそのものがないと言っていいでしょう。

日本に来た外国人が新幹線で東京から大阪に移動すると、ずっとひとつの都市が続いているように感じるそうです。太平洋ベルト地帯には日本の人口と工場が集中していて、新幹線や飛行機を使えば、どこであろうとほぼ完全な日帰り圏内といえます。また、時差がなく言葉も通じるので、電話で説明することも容易です。つまり、各地に販売代理店を置く必要性が低いのです。

海外ではそうはいきません。

たとえば、米国を考えてみてください。西海岸ロサンゼルスにある産業用センサーのメーカーに、東海岸ボストンの工場から問い合わせが来たとしましょう。メーカーのセールスマンが説明に行くとなると、ボストンまで飛行機での移動に1日、空港から潜在顧客までレンタカーで往復してミーティングしてくるのに1日、また飛行機でロスに戻るのに1日と、合計3日間はかかります。

それだけ時間をかけて訪ねても、肝心のミーティングが始まると「ウーン、思ったようなセンサーじゃないな。うちの工場には合わないねー」と30分で終わってしまうかもしれないのです。まるで間尺に合いません。

だからこそ米国では「もしニューヨーク近郊の潜在顧客から問い合わせが来たら、あなたの会社に回すから我々の代わりに訪問して要望を聞いてね」と頼める販売代理店を国内各地に設置する必要性があるのです。よって米国では代理店制度（セールスレップ）が早くから発展し、その活用ノウハウや一般への認知も高くなっています。

事情は欧州でも変わりません。地域が広大なことに加えて言語も違いますので、やはり地域ごとに販売代理店を置く必要性があります。

中国やインドのような新興市場では、まだ制度として販売代理店が根づくのはこれからでしょうが、状況は欧米と似ています。メーカーが自社のセールスマンだけで売り込むのは広大な国土を考えれば無理があるので、販売代理店を各地に置かざるをえないでしょう（例外はタイです。タイは人口や工業団地等が比較的集中しています。エンドユーザーが日本企業である場合も多く、商談を日本で済ませることが可能です。販売代理店を置く必要性が比較的低い国といえるでしょう）。

これまで**日本では販売代理店の必要性が低かったために、海外において販売代理店網**

を構築するノウハウが蓄積されていません。また社員でない販売代理店のスタッフに対し、日本のメーカーが思うように動いてくれるよう指示する運用のノウハウも希薄です。日本企業は不慣れな状況にイライラして、拙速に自社の社員を海外へ送りがちです。しかしマーケットが本当にあるかどうか分からない時点で社員を海外に送り込むのは、経費がかかりすぎリスクが高すぎます。最小限のリスクで海外に売り込んでいこうとするならば、世界の各国に信頼できる販売代理店＝販売パートナーをもつことが第1ステップになるのです。

海外に販売代理店をもつことのメリット

海外に販売代理店をもつことはもちろん、**もとうと行動するだけでも、さまざまなメリットがあります**。それぞれに説明します。

1．進出前の情報収集は多いほどよい！

先にも述べましたが、数社の販売代理店の候補会社と会うだけでも大きな情報が得られます。日本の会社が海外に売り込むときに気になる認証などは、現地の販売代理店に聞けば彼ら自身の問題としていろいろ教えてくれるでしょう。また競合他社がどういった製品を売りに出しているかといったことや、その問題点も指摘してくれるかもしれません。

こういったことを、エンドユーザーは教えてくれません。エンドユーザーにとってメーカーからのアプローチが売り込みと映ることは、先ほども述べたとおりです。

それに対して、販売代理店に対するメーカーからのアプローチは、新しいビジネスチャンスの提案と受けとめられます。だから、耳を傾けてくれるのです。もしその製品を気に入れば、いろいろなアドバイスをくれます。「これだけ知っているのだから、この地域／国は我々に任せろ」という彼らのアピールなのです。

市場調査としてその国の経済規模や成長率を調べたところで、あなたの会社の製品を実際に売るためのヒントが得られるわけではありません。しかし**販売代理店候補のコメントやアドバイスは辛辣で具体的で的を射ています。**その国で本当に売れる製品を作ってもらうことが自社の利益にも直結するので、メーカーにお世辞を言っても仕方がないからです。

その意味で、具体的に製品を批判してくれる販売代理店候補のほうがメーカーにとってはよいともいえます。

販売代理店にとって、まったく興味がない製品について「色が悪い、形が悪い、あそこを直さなければ売れない」などとアドバイスする意味はありません。**興味があるからこそ、売れるための改良点を言ってくる**のです。そういった声に耳を傾けない手はありません。多くの販売代理店候補に接して、興味を示した会社には自分から訪問して、その意見に真摯《しんし》に耳を傾けるべきでしょう。

具体的に説明しましょう。

たとえば、某国に5つの販売代理店候補が見つかったとします。有望で期待できそうな順に、A、B、C、D、Eとします。AとBは規模も大きくHPも立派でとても有望そうな候補、CとDは規模は小さいながら販路はピッタリでまあまあよさそう。Eははっきりいって、田舎にあって取扱製品も若干違うし、どうかなぁ？　と思うような候補です。どの代理店から会うべきだと思いますか？

ズバリ、できればE社からミーティングすべきです。

E社はあなたの会社にとって、もっとも期待できない販売代理店です。しかしE社側から見れば、獲得ハードルが高いにもかかわらずその製品をぜひ扱いたいと思っている可能性が高いのです。E社を訪問して、「この国のx業界の工場にこのセンサーは売れると思うのだが……」と話をすると「確かにx業界にも需要があると思うが、この地域ではy業界が発達している。そこに可能性があると思って、弊社は手を挙げたのだ」とか「この製品群の中では、この小型製品に一番可能性がある」「この製品の価格帯としてはzドルぐらいが適切だと思う」といった情報をくれたりします。

あなたの会社の製品をぜひ扱いたいE社としては、「これだけ知っているのだから、我々にぜひこの地域・国を任せてください」とアピールしているわけです。

こういった話をまずE社で聞いた後で、D、C社に行きます。同じように話を聞きます。そうすると最後に本命であるB社、A社に行く頃には、その国におけるあなたの会社の製品の需要や売り込み方が大体想像できるようになっています。

それでA社とミーティングが終わった後で、「やはりA社がよい」という結論になるかもしれませんし、「A社がよいと思っていたが、どうもA社は自分の力を過信して、こちらを言いくるめようとしているようだ。C社が一番誠実で、力もありそうだ」という結論になるかもしれません。

ポイントは、**本命の候補だけ回っていても多面的な情報は得られない**、ということです。こちらとしては期待薄のD社、E社とミーティングしたからこそ得られる情報があるのです。

ですから、我々はどんな日本メーカーにも、事前準備として販売代理店への訪問をお勧めしています。販売代理店を使わずに自社販売を決めている会社でも同様です。販売代理店候補から得られる評価やコメントが、同地での市場開拓の大きなヒントになるからです。

実際に複数社の**販売代理店候補とミーティングした日本企業が驚かれるのは、期せずして彼らの意見が一致する場合が多いこと**です。「確かに素晴らしい製品だが、この部分が問題だ。次の製品を出すときは、ここを修正してくれ」とか「この国ではA市場に売れると思うからBの認証を取ってくれ」といった意見が一致するのです。もし訪問した5社中の3社が同じことを言えば、その意見には従うべきでしょう。

2. 現地連絡先ができてエンドユーザーに便利

実際に販売代理店契約をすれば、さらに大きなメリットがあります。まず目に見えて効果が大きいのは、現地に連絡先ができることです。

いくらインターネットの発達によって世界が狭くなったといっても、やはり外国の企業に連絡を取るのは抵抗があるものです。国際電話も、人によっては高いハードルになります。日本語で応対されたらどうしようか？という不安もあります。メールなら簡単と思われるかもしれませんが、英語圏でない人であれば、少なくとも母国語でない英語で書かなければならないというプレッシャーがあります。

それに対して、当該国に販売代理店があればどうでしょう？　展示会やHPであなたの会社製品に興味をもった人は、気軽に母国語で国内の電話番号に問い合わせができます。メールも母国語で書けますから気楽です。製品購入後も何か問題があれば現地の販売代理店に対応してもらえるだろう、という期待もあるので購入に対する安心感も格段に増します。**あらゆる意味で問い合わせに対するハードルが低くなる**ことは間違いありません。

もし自社で、世界中の主要国にこういった対応ができる体制を整えようとしたら、年間の固定費は億円単位にのぼるでしょう。それが販売代理店なら固定費0円で実現できるのです。

さらに例をあげましょう。

中小企業が初めて海外展示会に出展しようと決めたとします。どういった展示会への出展が考えられるでしょうか？　おそらくジェトロ（日本貿易振興機構）等の公的機関が音頭をとっている展示会か、もしくは超有名な展示会でしょう。その理由は、そういった展示会であれば日本に問い合わせ先があるからです。

仮にドイツで自社にピッタリの展示会があったとしても、その問い合わせ先が日本国内になく、ドイツ本国というのであれば、二の足を踏まれるのではないでしょうか。

メールにしても少なくとも英語で打たなければならないと躊躇するでしょうし、何かトラブルがあったときにドイツ在住のドイツ人と掛け合って解決できる自信などまったくないからです。結果として、ドイツにどんなに自社にピッタリの展示会があると分かっていても申し込まないでしょう。

こうして自分に置き換えて考えてみると、自国に連絡先があることが海外のエンドユーザーにとってどれほど大事なことか実感されるでしょう。

余談ですが、実際のところ各国の展示会主催会社も国際化が大きな目標になっており、日本企業に販売代理店を任命する場合が増えています。「我々の展示会に会社を誘致してくれ。もし日本の会社がブースを出してくれれば、出展料の10％をキックバックするから、顧客の対応をしてくれ。付随するほかの仕事も入ってくるかもしれないじゃないか」というわけです。

まさにウィン＝ウィン関係であり、その展示会主催者は日本拠点を設立・維持するコストもかからないのです。

販売代理店も最初は込み入った製品・技術説明はできないかもしれませんが、現地で問い合わせを受けてくれる販売代理店が各国にあること自体が、大きなメリットといえます。販売代理店が実際にエンドユーザーと電話でやりとりし、または訪問して初期対応ができます。ある程度、エンドユーザーが本気だと分かれば、日本からセールスマンを呼んでもムダ金になるリスクがないでしょう。

3. アフターケアの拠点になると販売代理店も喜ぶ

ある種の製品は、アフターケアの体制が非常に重要になります。特に工場で使われる産業材製品などは、購入にあたって「故障したら早急に修理に来ること」といった条件を出されることもあります。こういったアフターケアを販売代理店に任せるのです。

もちろん、アフターケアやさまざまな修理を100%こなせる販売代理店を探し出すことは難しいでしょう。

しかし実際のところ、製品故障の8~9割はちょっとした修理で直り、またその修理もパターン化されているものです。そうした**部分的な対応ができる販売代理店を探すことは、さほど難しくありません**。

販売代理店がその故障を見て、自分の手にあまりそうであれば、本社に電話やビデオで相談することもできます。今は、スカイプ等を通じて手軽にライブ動画を送れますので、それを見て本社の技術者が原因を特定することもできるでしょう。そして、それでも無理なら、最後に日本から技術者が行けばよいのです。

アフターケアが必要な製品特性は、実は販売代理店にとっても歓迎すべきことです。そこで仕事・料金が発生しますし、また定期的に顧客のもとに行く口実があるというのもよいことです。エンドユーザーのところに訪問できれば、世間話からほかの製品の売り込みもできるからです。

某有名エレベーター会社などは故障対応専門の販売代理店を世界中に設置して、そういった需要に対応しています。エレベーターは、故障が起こったときに迅速な修理が必要ですし、そのための人員を世界中に自社で配置することは不可能なので販売代理店を活用するほか手がないのです。

なお、故障に対応する販売代理店の費用負担には、次のような方法があります。

- 販売代理店が顧客に直接、かつ自由に請求する
- 販売代理店が顧客に一定の料金だけ請求し、超過分はメーカーが支払う
- 顧客には一切負担させずに、メーカーが全額を販売代理店に支払う

メーカーの戦略によって、いずれの方法を採用するかは、販売代理店とあらかじめ合意しておけばよいでしょう。

4．各国別にカタログ製作を任せられる

販売代理店網が世界中にできてくると、やはり各地の現地語でのカタログを作成する必要がでてきます。英語がいかに世界の共通言語であるといっても、やはり英語圏でない国の一般の人にとって英語の文章を読むことは苦痛だからです。一層の売上増加のためには現地語でのカタログ作成が望ましいといえます。

私の知るある企業では、各国の販売代理店がその国ごとのカタログを自由に作れるよう、基本的な製品情報をすべて渡しています。英語の文章、写真、図表、図面などです。これら基本情報を使って、その国の言語で、その国に合ったカタログ案を自由に作ってもらうのです。

日本で外国語のカタログを作ると、その分野の専門家ではない翻訳者がおかしな訳し方をすることがあります。**それを現地の販売代理店が行うことによって、専門家から見**

ても適切な言葉で、その国への売り込みに適したカタログを作ることができます。

また、この会社の素晴らしいところは、**カタログ作りを現地販売代理店に丸投げしてしまわずに、カタログ案の作成に限定している**ことです。カタログ案ができたら、それをデータとして日本の会社に送り、カタログの印刷自体は日本の本社費用で行っています。そうすることで、その国で販売代理店が変わっても引き続きそのカタログを使うことができるからです。

5. 海外展示会へ共同出展して後のフォローを頼める

先にも述べたように、海外展示会はその後のフォローアップが大事です。現地に販売代理店があれば、出展ブースを共同で運営し、またフォローアップを任せることができます。

実際にそうやってブースを共同出展すると分かりますが、製品に興味をもった来場者は、まず現地スタッフのほうに話しかけます。やはり肌の色が違い言葉も通じにくいと思われる日本人をさけるのです。当然ながら、展示会後のフォローアップも販売代理店から行うほうが、効率的かつ安価に行うことができます。

また**共同での展示会出展や顧客対応は、メーカーにとって販売代理店向けの製品教育のもっとも効率的な手段**でもあります。パーソナルな信頼関係が芽生えることも多いでしょう。海外展示会はあらゆる意味で、メーカーと販売代理店がウィン＝ウィンの関係を構築できるよい機会となります。さらに詳細は第3章で説明します。

次章では、海外の販売パートナー＝販売代理店にどのような種類があるのか、それぞれどのような特徴があるのかについて、具体的に説明していきます。

第1章のまとめ

- ■売れるか売れないか分からない段階で、海外に工場や子会社をいきなり作らない。
- ■まずは海外の販路開拓に直結する販売パートナーを探す。
- ■販売パートナーをもつと、現地連絡先やアフターケアの拠点ができたり、情報収集しやすくなったり、展示会の後のフォローをお願いできる等のメリットがある。

第2章

海外の販売代理店は大きく2種類ある

代理店、問屋、商社……一体なにがどう違う？

読者のみなさんに質問です。

日本には「代理店」「問屋」「商社」といろいろな言葉があって、「うちは海外に代理店がありますので」とか「商社さんが海外にいます」などとよく耳にされるでしょう。

では、代理店と商社はどう違うのでしょう？　また問屋と商社は？

答えをお教えしましょう。

正解は、「誰も知らない」です。

なぜなら日本においては、そういった販売仲介業者の明確な定義づけができていないからです。

英語では「セールスレップ」と「ディストリビューター」という言葉があります。セールスレップは「セールス・レプリゼンタティブ（sales representative）」の略で、「セールス・エージェント」と呼ばれる場合もあります。

問題は、日本語で「代理店」「問屋」「商社」といった言葉について、明確な違いが定義されていないために、英語の「セールスレップ」と「ディストリビューター」も同じようなものだろう、と思われる方が多いことです。

実際、海外と取引がある商社の方でも、このセールスレップとディストリビューターの違いを明確に理解できていない人は珍しくありません。というのは、商社マンであっても自分で海外に販路を作った経験のある人というのはひと握りしかいないからです。

しかし、**両者には明確な違いがあります。それをよく理解しておくことが、海外の販路網構築で成功するカギになる**といっても過言ではありません。

まず、このセールスレップとディストリビューターの違いから説明していきます。

ディストリビューターとセールスレップの違い

まず単純にいって、メーカーは海外顧客に製品を送って代金をもらいたいわけです。その日本の会社と海外の顧客を結び付けてくれる存在として、「ディストリビューター」と「セールスレップ」があります（**図1**）。いずれの場合も、「顧客」は、製品が産業材なら企業の工場や研究所かもしれませんし、消費財であればチェーン店かもしれませんし、普通の個人かもしれません。「製品を送って代金がほしい」という構造は同じです。

では、「ディストリビューター」と「セールスレップ」で何が違うのかといえば、売る製品の「所有権をもつ」か「所有権をもたない」かという点です。商社、問屋、代理店、Xマーケティング、Y販売……等々、どんな名前がついていても、どちらかに分類されます。

図1を見ていただいて分かるとおり、右側のディストリビューターおよび顧客は、メ

図1　海外における販路の全体像

海外（特に欧米）にはセールスレップとディストリビューターの2種類が存在する。
まずその違いをしっかりと認識することが大事。

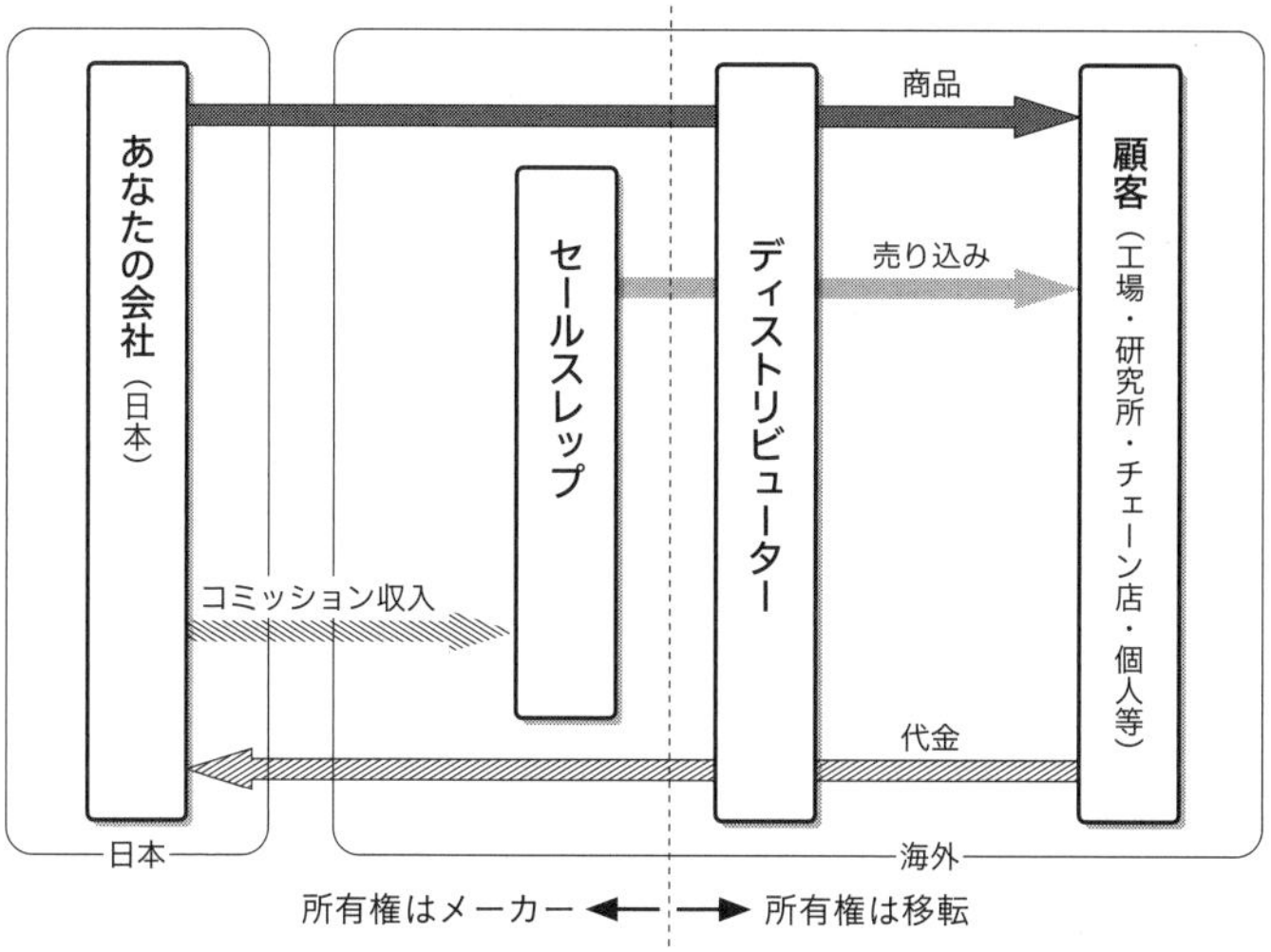

ーカーから製品を買う人、つまり所有権の移転する先になります。一方のセールスレップは、製品を買うわけではないから所有権は移転しません。

詳しくは後述しますが、自社で購入し所有した状態から再販するのが「ディストリビューター」であり、自社では製品を購入せず販売の代行だけして成功報酬のコミッションをもらうのが「セールスレップ」です。

ですから極端にいえば、**販路網を構築する方法は、次の3つしかありません。**

- ディストリビューター活用
- セールスレップ活用
- メーカー（またはその販売子会社）からの直販

海外販路網の構築は、この3つをどう組み合わせるか、が問題になります。

もちろん、3つが混在するパターンもあり得ます。

たとえば、セールスレップがディストリビューターにつなぎ、そのディストリビューターがエンドユーザーに再販することはよくあります。また大手ディストリビューターが各地にセールスレップをもっており、それを通してエンドユーザーに売り込みを行うといった場合もあります。

改めて、ディストリビューターとセールスレップについて詳しくみていきましょう。

ディストリビューターは価格を自由に決められる卸売業

ディストリビューターは、メーカーから製品を買います（**図2**）。いったん自分のモ

| 図2 | 海外における販路構造 1（ディストリビューターの活用）

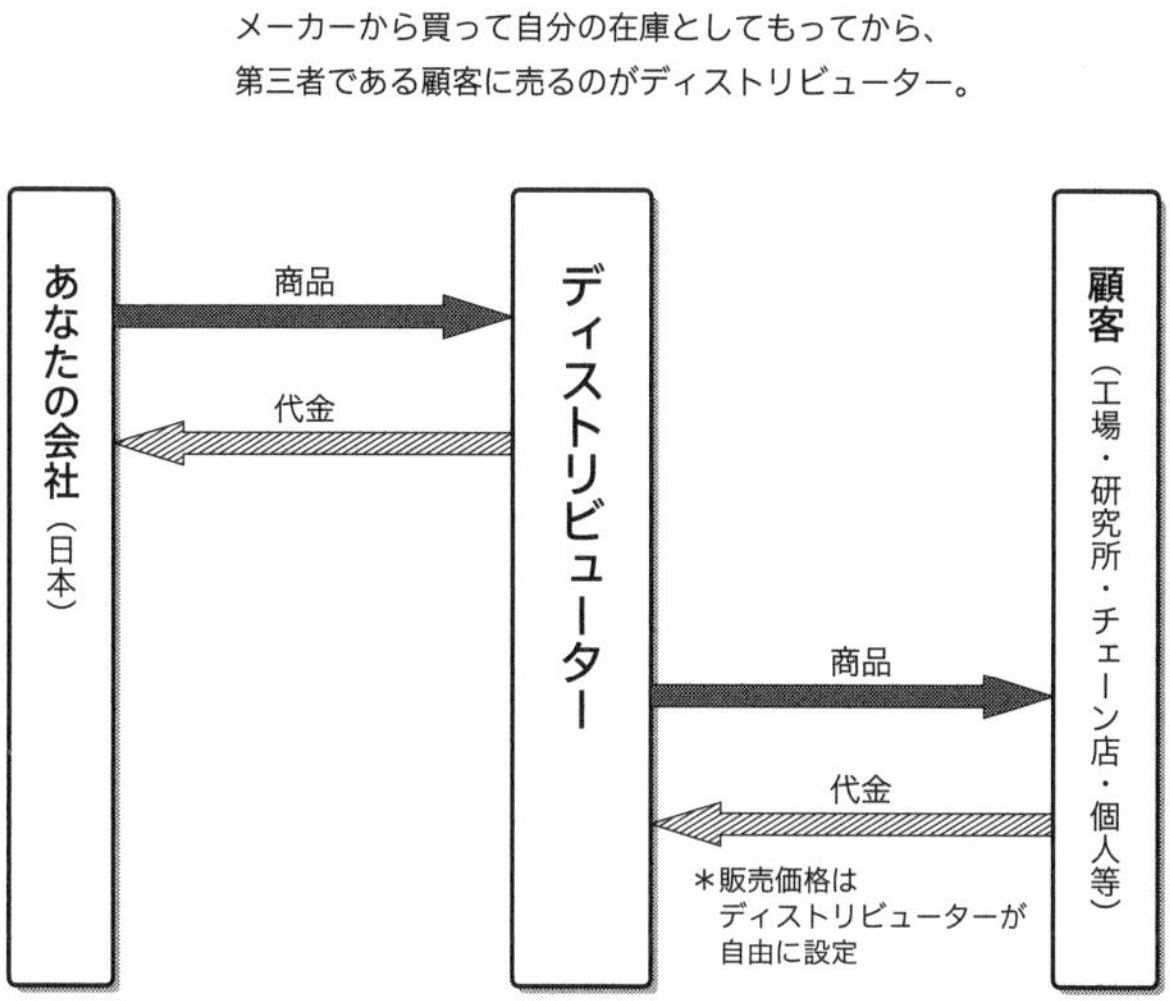

メーカーから買って自分の在庫としてもってから、
第三者である顧客に売るのがディストリビューター。

ノとしてその製品を購入したのちに、それをエンドユーザーである顧客に再販します。このエンドユーザーはモノによって、一般個人かもしれないし企業かもしれません。

メーカーの立場からいうと、ディストリビューターに製品を売って代金を回収した時点で、取引は終了します。「100万円の商品を売りました。代金を受け取りました。ありがとう」と、それだけです。その100万円で買った商品を、ディストリビューターが最終的に誰にいくらで売ったのかという情報はメーカーには入ってきません。

ですから、次のようなことが起こりえます。

100万円でディストリビューターに売った製品——たとえばファクトリーオートメーション用の特殊ポンプがあったとします。「ディストリビューターはそのポンプを、設置費用も含めて200万円程度で売っているだろう」と思っていたら、実際は500万円で売っていた、というケースです。

なんらかのきっかけで、その情報がメーカーに入ってきたとします。メーカーとしてはディストリビューターにひと言いいたくなるでしょう。

「聞きましたよ、ひどいじゃないですか。我々から100万円で買ったポンプを500万円で売っているそうですね。少しマージンを乗せすぎじゃないですか？　せめて200万円、できれば150万円で売ってくれませんか？　そのほうが大量に売れて、我々もですが、結局あなたも儲かると思いますよ」等。

それに対してディストリビューターはこう答えてくると思います。

「我々は貴社からこのポンプを買ったんです。買って自分のモノにしたのですから、自分のモノを誰にいくらで売ろうが、我々の自由でしょう？　我々はこれを超高級ポンプとして販売することに決めました。これは我々の戦略ですから、あなたがとやかく言うことではありません」

納得いかないかもしれませんが、この場合はディストリビューターの言っていることが正論です。ともかく、メーカーにとっては早期に売上がたつメリットがあるといえるでしょう。

なお、**ディストリビューターには独占ディストリビューターと非独占ディストリビューターがあります**。地域における販売独占権をメーカーが与えるか、与えないかの違いです。

多くの場合、ディストリビューターは、その地域における営業努力が報われるように（自社が飛ばされないように）独占権を求めてきます。ただし、大きな国で独占ディストリビューターに長期間を任せると権利だけもらって販売努力をしないといったリスクがありますので注意しましょう。

独占権を与えない場合は、非独占のディストリビューターということになるわけですが、この場合は特にディストリビューターとして任命せずに、発注があるたびに通常の売買契約を結ぶだけで大丈夫とも言えます。そういった形で、メーカーの知らない間に日本製品が輸出されていることもあります。

∷ セールスレップは成功報酬型の販売代行業

それに対して、セールスレップはメーカーから製品を買うわけではありません。「買わないとすると何の裏書きがあるのか？」というと〝合意〟があるのです（図3）。「我々はカリフォルニア、ロサンゼルスでさまざまな医療機器を販売しているセールスレップです。あなたの会社（日本メーカー）の医療機器は、当地域でも需要があると思います。ぜひ、我々に販売代理を任せてください。ついてはカリフォルニア州で我々が売り込みに成功したら、売上の15％をくださいね」といった成功報酬の約束です。

その合意をもって、セールスレップは医療製品の販売活動を始めます。具体的にはカタログやビデオやサンプルをもって、カリフォルニアの病院や研究所等を回り始めるということです。もちろんホームページ（HP）でも宣伝します。

仮に、UCLA附属病院が「この製品、面白そうじゃないか。手始めに1台購入しよう」ということになったとします。その商談はセールスレップが行うのですが、商談が

図3 海外における販路構造2（セールスレップの活用）

セールスレップはメーカーから製品を買うわけではない。実績のない製品や企業でも確保しやすいが販売条件の合意・契約が必要。

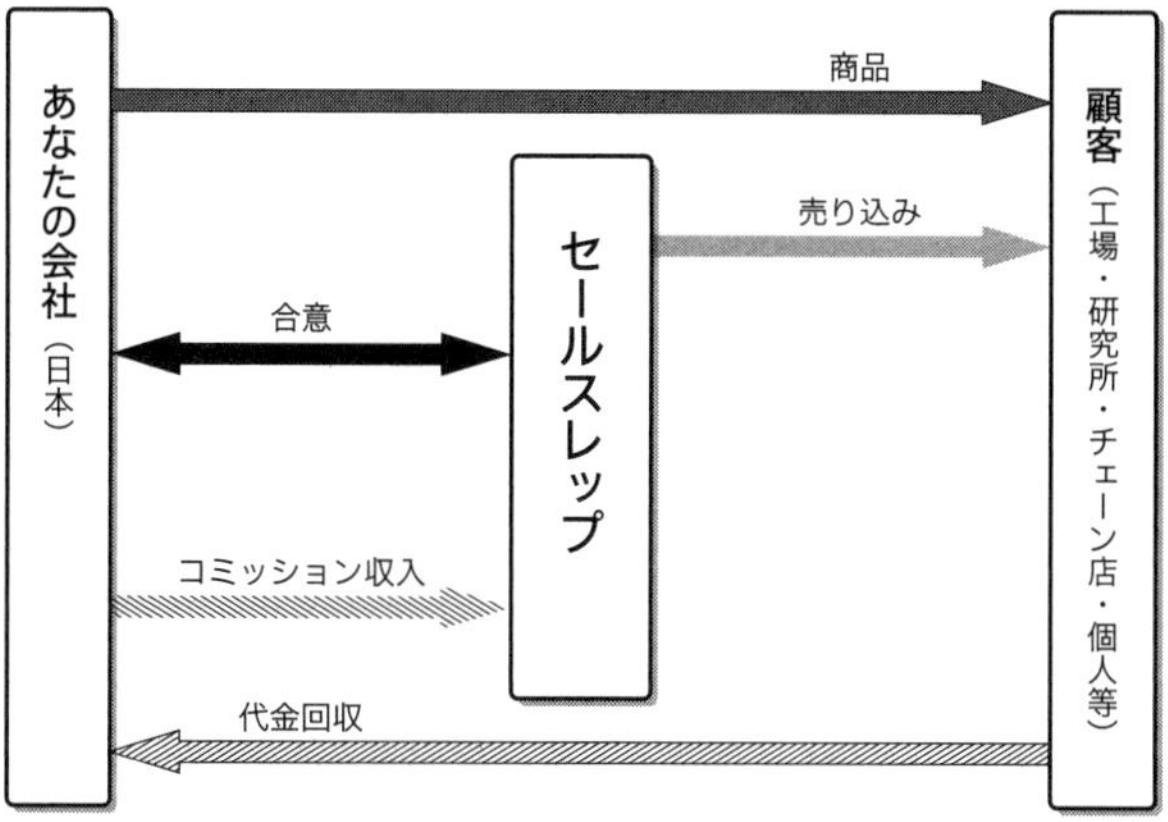

まとまった時点で、製品は日本のメーカーからUCLA附属病院に直接送られます。

そして、ここが大事なのですが、代金はUCLA附属病院からセールスレップを経由せずに、日本メーカーに直接送られます。

日本メーカーは代金受け取り後に「セールスレップさん、ありがとう。おかげさまでUCLA附属病院に無事1台を納入できました。我々は代金の1000万円を受け取りました。約束どおり、成功報酬として15％の150万円を支払います」とお金を振り込みます。

ポイントは何かというと、この一連の取引の中で、**セールスレップはそのメーカーの商品を自分では一度も所有していない**ということです。彼らは、まさに販売の代行だけして、その手数料を成功報酬としてメーカーから受け取ったのであって、ディストリビューターのように自分が買って誰かに売って、その差額で儲けたいわけではないのです。

それぞれに合う製品特性とは?

「売る製品の所有権をもつか、否か」がディストリビューターとセールスレップとの定義上の差異というわけです。それだけのことですが、それがさまざまな違いを生み出します。

たとえば、ディストリビューターが「製品を買って、自分の在庫としてもつ」ということは、製品を買うだけの資金力があり、かつ在庫をもつだけの倉庫ももっているということになります。つまりディストリビューターは比較的大きな会社が多く、一般に社員20~30名の規模以上です。

それに対して、セールスレップは社員2～5名規模の小規模な会社が多いですし、1名だけの個人という可能性も十分あります。自分で製品を買うわけではないので資金力はいりませんし、在庫を置いておく必要もないので自宅でもできるわけです。

では、**セールスレップは何を売っているのかというと、人脈（コネ）と専門知識**です。たとえば、新型の医療用内視鏡を見たとき、「この内視鏡であれば、X病院のA先生であれば興味を示すはずだ」とか「Y大学医学部のB実験室であれば、来年の予算で買ってくれそうだな」など業界の内情に精通しており、その場で電話をかけてアポイントメント（アポ）を取れるのが優秀なセールスレップといえます。

「A先生ですか？ ボブです。今度、日本の内視鏡を扱うことになったのですが、これがとてもいいんです。来週、先生の実験室の近くに行くので、30分ほどお時間をいただけませんか？」とアポを取りつけて、実際に訪問して技術説明等をしてきます。

実際にこういった形で日本の医療用内視鏡メーカーの米国子会社から独立してセールスレップになり大成功を収められた大根田勝美氏は『中卒の組立工、NYの億万長者になる。』（角川書店、2010年）という本を出されています。実話で面白くセールスレップシステムの理解もできますのでお勧めです。

つまり、会社規模が比較的大きくて自分で製品を買って在庫としてもてるのがディストリビューター、自分で商品を買うわけではないが人脈と専門知識をウリに販売先を探す少人数・小規模の会社がセールスレップということになります。

また、取扱製品もセールスレップとディストリビューターで異なります。ディストリビューターが「製品を買って自分の在庫としてもつ」ということは、その製品が標準品であることを示しています。標準品だからこそ、大量に購入して保管しておけて、X社がきてもY社がきてもZ社がきても同じように売れるのです。

ところが、特注品の要素がある製品は、エンドユーザーとの折衝が必要です。特注品をあらかじめ在庫として抱えることは不可能ですから、セールスレップのほうが得意ということになります。

こうした製品の特性によって、ディストリビューターが得意なもの、セールスレップが得意なもの、どちらでも大丈夫なもの、があるのです。大雑把にいえば、**標準品はディストリビューター、特注品はセールスレップに向いている**、といえるでしょう（極端な例では、加工技術そのものを売り込むセールスレップも存在します）。

当然、価格の付け方も違ってきます。この点は繰り返しになりますが、ディストリビューターはメーカーから買って製品を自分のものにしますので、彼らがその先に卸す価格は彼らが決めます。それに対して、セールスレップは製品を買うわけではないので、製品価格は所有権をもっているメーカーが決めることになります。エンドユーザーへの製品価格をメーカーとしてコントロールしたい場合は、セールスレップのほうがよいでしょう。

なお本書では、基本的に「ディストリビューター」「セールスレップ」と表記して、その両方を指す場合は「販売代理店」または「販売パートナー」と呼んでいます。

ディストリビューター＝販売店
セールスレップ＝代理店
ディストリビューター、セールスレップ＝販売代理店または販売パートナー

セールスレップからディストリビューターへ移行する自然な流れ

ここまでセールスレップとディストリビューターの違いについて説明してきましたが、両者が重なる機能をもつ場合もあります。

ディストリビューターは割と規模の大きな会社が多いことは述べましたが、同時に非常に臆病な存在でもあります。あなたの会社がある製品をもってディストリビューターを訪問したとしましょう。彼らはこう言うはずです。

「確かに素晴らしい製品だ。この国・地域でもきっと需要があると思う。しかし、いきなりは買えない。サンプルとカタログだけ置いていってくれないか?」

なぜ、こういった反応をするかといえば、もし買って予定どおりに売れなければ購買担当者の責任になるからです。「なぜこんな実績もない製品を購入したんだ」と上司から怒られるのが怖いのです。

ですから、実際に興味を示しそうな潜在顧客にまずカタログかサンプルを見せて、潜在顧客が「買う」といった時点で初めてメーカーに注文を入れます。メーカーが売るのはそのディストリビューターであり、彼らはそれをエンドユーザーに再販するのですから、まさにディストリビューターです。

このように、**ディストリビューターが新製品を扱い始めるときは、まるでセールスレップのように在庫リスクをもたないでスタートするのが一般的**です。

逆に、セールスレップがある商品を扱い始めたとします。とてもよい取引先が見つかって毎月1000万円の注文が来るようになったとします。その度ごとにメーカーにつないで150万円（コミッション率15％）の成功報酬を得てもいいのですが、そのうち、次のように考えるのではないでしょうか。

「これだけ安定的に毎月購入してくれる取引先があるのであれば、我々がまとめて半年分に当たる6000万円分の注文をしてもよいのではないか？　まとめて買えばメーカー価格もさらに安くなるし輸送費も削減できる。日本のメーカーから送るよりも配送期間も短くなって三方（メーカー、エンドユーザー、自社）が喜ぶのではないか」

こうしてセールスレップが安定的な売り込み先を見つけた時点で、在庫リスクをもつ

ディストリビューターに変質していくこともあるのです。

いずれにしても言えるのは、**売れるか売れないか分からない新製品の在庫リスクなど誰ももちたくない**ということです。したがって、ディストリビューターであっても最初は在庫をもたないセールスレップ方式で販売を始めます。セールスレップは当然、セールスレップとして販売を始めます。

まずは「在庫をもたない＝リスクをもたない」セールスレップのような代理店が販売活動を開始して、売れることがはっきりしてきた時点で「これだけ売れているのだから我々がまとめて買って在庫をもってもよいのではないか」とリスクを取るディストリビューターが現れるというのが、新製品が市場へ浸透する通常のプロセスです。

さらに売れるようになれば、メーカーがその地域に販売子会社を設立してエンドユーザーへの直接販売を始めます。セールスレップやディストリビューターのような外部会社よりも、きめ細かい対応が可能になるでしょう。すでに顧客が確保できているので、メーカーにとっては決断もしやすくなります。

セールスレップとブローカーは何が違うのか？

所有権（非在庫）をもたずにメーカーと購買者をつなぐのがセールスレップの役割と聞くと、「ブローカー（仲介業者）のようだ」と思われるかもしれません。ブローカーという日本語の語感はよくありませんよね。

なぜ、ブローカーという言葉に悪い印象があるのでしょう。

ブローカーがメーカーに大口取引先を紹介したとしましょう。メーカーは感謝の印としていくばくかの成功報酬（コミッション）を支払うでしょう。しかしながら、その取引先との2回目の取引はどうなるでしょう？　すでに大口取引先の情報はメーカーの手にあります。なにも2回目以降はブローカーの手を煩わせて手数料を支払う必要はありません。直接取引しようという話になるでしょう。

そうした成り行きになることを、ブローカーは当然知っています。ですから、彼らはメーカーと買い手の中に入って両者を直接会わせないようにします。自分を通さなければ交渉できないようにするのです。メーカーから見れば、ブローカーから伝えられた買い手の要望（例：「もっと安くしてくれ」）が正しいかどうかを確認するすべがありません。だんだんと疑心暗鬼になってくるのも当然です。

だからといって、このケースでブローカーを責めるのは酷《こく》です。両者を会わせた途端に自分の役割がなくなるのですから、自衛のために自分を通してしか情報が流れないようにせざるをえないのです。

それに対してセールスレップの場合、最初から期間と地域を契約書で合意しています。その期間、その地域からきた注文は基本的にはすべてセールスレップの功績とみなして成功報酬が支払われる約束があります。

ですから、メーカーと大口取引先を直接会わせても心配することはありません。その期間中であれば、成功報酬が確実に入ってくるからです。

セールスレップはもともと米国で発達した制度です。米国のような大きな国では、メーカーが直接訪問できる地域には限りがあるからです。特に技術セールスやアフターケアが必要な製品の販路を開拓する手段として伝統的に用いられてきたので、セールスレップ制度に対する理解があります。各州にはセールスレップを守る法律があるほどです。そのため、セールスレップは安心してメーカーと顧客を会わせることができますし、したがって透明度の高い行動が可能になるのです。

アジアでは「セールスレップ」制度というものの理解がまだ深まっておらず、その名称を知らない場合もあります。しかし、セールスレップの構造を説明すれば分かってくれますし、相手の権利と義務を明確にして書面合意すると、透明度の高い代理店として活動してもらえるでしょう。

まずはディストリビューターから探そう

こうしてセールスレップの説明をしていくと、セールスレップのほうが手軽でメリットが大きいように聞こえるかもしれません。

しかしながら、もし同一地域・国にセールスレップ候補とディストリビューター候補が両方いるのであれば、どちらと交渉すべきでしょうか？　私はそうしたケースであれば、「まずディストリビューターから優先的に交渉してください」とアドバイスしています。

それは、ディストリビューターが製品を直接買ってくれる存在だからです。セールスレップは、あくまで買い手とメーカーをつなぐ存在であって、自身が買ってくれるわけではないので、実際に売上がたつかどうか未知数です。その点で、**ディストリビューターのほうが直接の取引先として重要**といえます。

また、ディストリビューターはセールスレップに比べて規模も大きいですし、信用力もあります。興味を示してくれるのであれば商談交渉しない手はありません。

ディストリビューターの難点をあげるとすれば、多くの場合、意思決定に時間がかかり新製品を扱うことに慎重なので確保が難しいことです。そうであれば、セールスレップから始めるという手段もあるんだ、とセールスレップは副次的に捉えておくことをお勧めします。

ディストリビューターのほかの利点としては、代金回収の容易さがあります。メーカーがディストリビューターを通して販売する場合、注意すべきはそのディストリビューターの財務状況だけです。彼らがお金を払ってくれる存在だからです。そのディストリビューターが、どんな貧乏な人や会社に販売してもそれを気にする必要はありません。

しかしながらセールスレップを通して販売する場合は、メーカーはその販売先から代金を回収しなければなりません。セールスレップが見つけた販売先が大企業であれば問題ないでしょう。しかし名もない小企業の場合もあるかもしれません。財務状況が分からなければ、当面は全額前払いにするといった条件交渉も必要です。

そういった交渉が面倒であれば、やはりディストリビューターに一括して任せるほうが気楽といえます。

価格設定や顧客リストにこだわるなら
セールスレップを選ぼう

ではセールスレップのメリットはなんでしょうか?

第1に、前述のとおり**ディストリビューターが見つからない地域・国でも見つけやすいこと**です。資金力や倉庫が必要といった制約がないので、個人でもセールスレップに任命することができます。販売に成功すればコミッション（成功報酬）を払わなければなりませんが、販売できなければ経費がかかるということもありません。比較的、気軽にもつことができます。

特に**小さい国であれば、知り合った現地の人をセールスレップにしても実害はあまりない**でしょう。いずれにしても売れていないのですから〝ダメ元〟といえます。

第2に、価格のコントロール権がもてます。ディストリビューターは彼らに販売した時点で所有権が移転しますのでエンドユーザーへの価格の決定権をもちます。もちろん、希望小売価格、MSRP（Manufacturer's Suggested Retail Price）を彼らに伝えることはできます。しかし、希望は希望ですから、強制することはできません。もしそれを強制すると国によっては独占禁止法の違反になる恐れがあります。

それに対して、セールスレップを活用する場合は所有権はまだメーカーにありますので、価格の決定権はメーカーにあります。随時、セールスレップに価格表を渡して「これで売るように」と指示することができるのです。

第3に、エンドユーザー（候補）の顧客リストがメーカーのものになるという利点もあります。ディストリビューターには転売先の情報をメーカーに開示する義務はありません。誰にいくらで売っているかという情報はメーカーに入ってこないのです。それに対して、セールスレップを活用する場合は、問い合わせがあった顧客情報がメーカーに蓄積できます。

すべてお任せ！　できる商社はなかなか現れない

ここで、日本の商社について考えてみましょう。

中小企業にとって、もっとも簡単な海外販路開拓とは何でしょうか？

ある日、商社がやってきて「あなたの会社の製品を、ぜひ我々を通して海外に販売させてください。あなたの会社は何もする必要がありません。我々が日本で、あなたの会社の製品を買います。あとの海外販売は任せてください」と言ってくれれば、それが一番楽です。

問題は、そういった商社はなかなか現れない、ということです。

これには、いくつかの理由があります。ひとつは商材の特徴で、大手商社が本当に扱いたいものは、価格だけが問題となる標準品です。鉄鋼、非鉄金属、レアメタル、石油のような資源製品、大豆や小麦等の穀物などです。

機械商社や日常雑貨を扱う商社も存在しますが、取扱製品は限られています。**中小メーカーの売れるか売れないか分からない新製品を、自分のリスクで買って世界中に売って歩いてくれるキトクな商社はなかなか存在しない**、というのが現実です。

商社の立場にしてみれば、新製品はそもそも販売先を見つけるのが大変です。アフターケアの必要性も未知数ですし、どんなクレームがくるか分かりません。不安だらけです。そして、苦労してせっかく売れ始めたら、海外の大口顧客は日本メーカーに直接注文を出すかもしれないのです。そのリスクをすべて背負える商社は相当限定されるといわざるをえません。

しかし、もしあなたの会社の製品が本当に素晴らしい製品で、そういったリスクを負う商社が現れたとしましょう。彼らはどういった売り方をするでしょうか?

たとえば、あなたの会社の製品が、自動車の工場設備の備品だとします。自動車部品を扱う専門商社が扱ってくれることになりました。

彼らが海外で売り込みに行くのは、まず日系の自動車メーカーの工場です。トヨタ自動車、日産自動車、ホンダ等の海外工場には彼らが売り込んでくれるでしょう。しかしその専門商社にしてもフォード・モーターがルーマニアにもっている工場であるとか、メルセデス・ベンツがブラジルにもっている工場には、なかなか売り込みに行けません。工場のみならず、海外企業そのものが、日本の専門商社にとっても不得手な取引先なのです。

通常の場合、商社も海外にパートナーとなる同業の大手ディストリビューターをもっています。そしてその大手ディストリビューターは、各地に小規模なディストリビューターかセールスレップをもっています。

次ページの**図4**をご覧のとおり、あなたの会社の自動車部品のカタログやサンプルがエンドユーザーに届くまでには、いくつもの階層を経ています。

最終的に各地のディストリビューターやセールスレップが話をして、それでエンドユーザーである海外の自動車工場が「買う」といえば話は早いです。

図4　商社を使った海外販売のルート

長い販路で情報・製品の流れがスムーズではない。各地のセールスレップ、ディストリビューターへの製品教育が不十分となる。

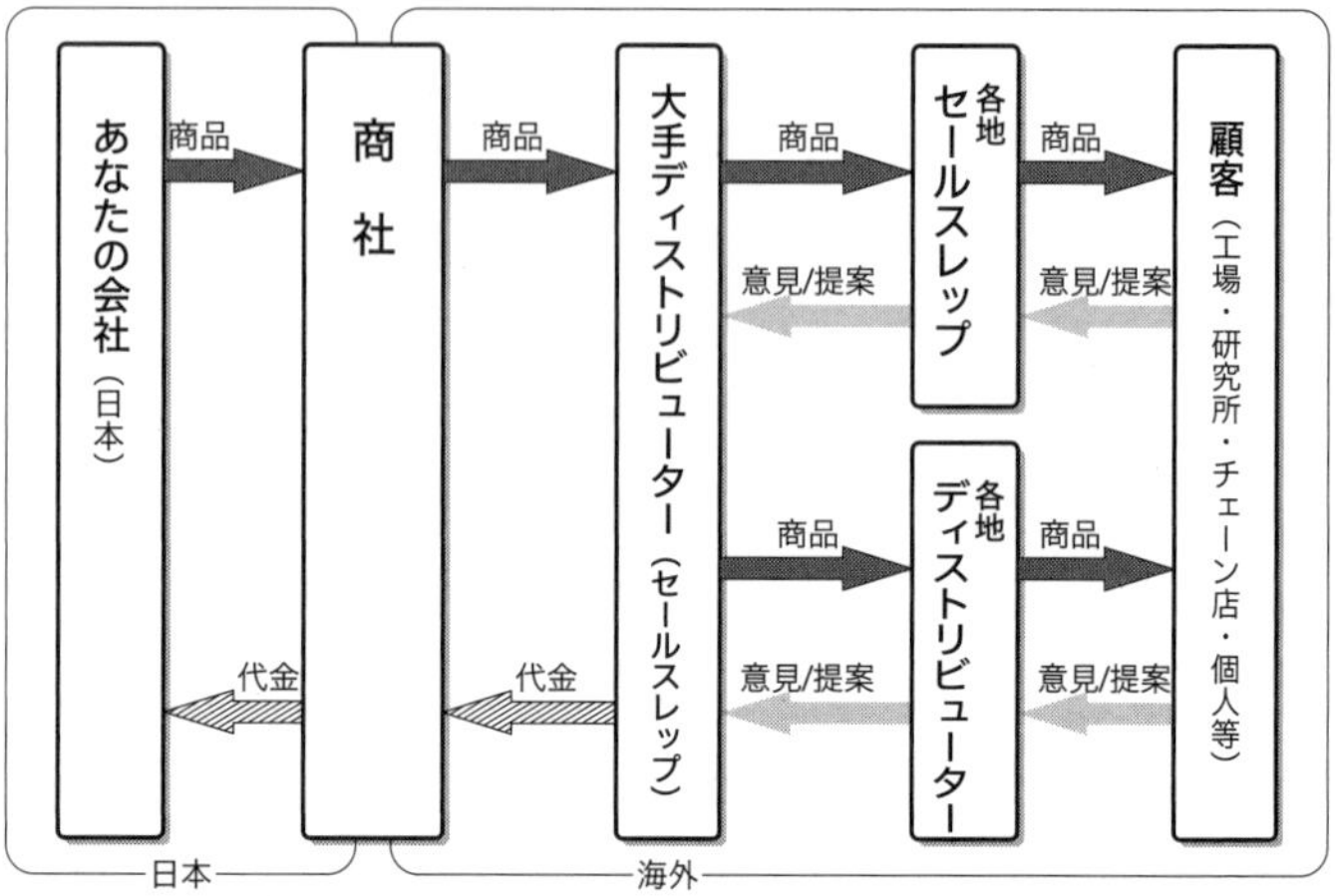

しかし多くの場合、いきなり「買う」とは決めてくれません。「確かに面白そうな設備部品だ。しかしこういった使い方はできるのか？」とか「こういうような仕様変更は可能か？」といったつぶやきを漏らす程度が普通です。

そのつぶやきを聞いた各地のディストリビューター、セールスレップはその国を統括する大手ディストリビューターに知らせ、それを日本の商社に伝えて、それがようやくメーカーに……しかし、本当にメーカーに伝わるかというと、ほとんどの場合、どこかで消えてしまいます。伝言ゲームは難しいのです。

結局のところ、商社を活用して売れるのは、最初にカタログやサンプルを見せてみて、いきなり「買いたい」と言ってくれたごく少数の顧客のみということになります。

∷ 商社は新製品を海外に売るのは得意でない

お勧めしたいのは、世界各国・各地でメーカーがみずからセールスレップ、ディストリビューターを探して直接接触するという方法です。

よく知られているように、「商社」という存在は日本に独特なものです。商社が海外で提携しているセールスレップ、ディストリビューターはあなたの会社製品に適切な会社である保証はありません。しかし自分で探せば、本当に自社製品にピッタリのセールスレップ、ディストリビューターを見つけることができます。

見つけた彼らを自社で教育すれば、本当にあなたの会社製品のことを理解してもらえます。商社がせいぜいカタログを渡す程度の営業しかできないのとは次元が違う製品知識をもって、売り込んでもらうことが可能になります。エンドユーザーからの質問や提案等のつぶやきも、メーカーに直接知らせてもらえるでしょう（次ページの**図5**）。

図5　よりダイレクトなルート

最短の販路で情報・商品の流れをスムーズに。

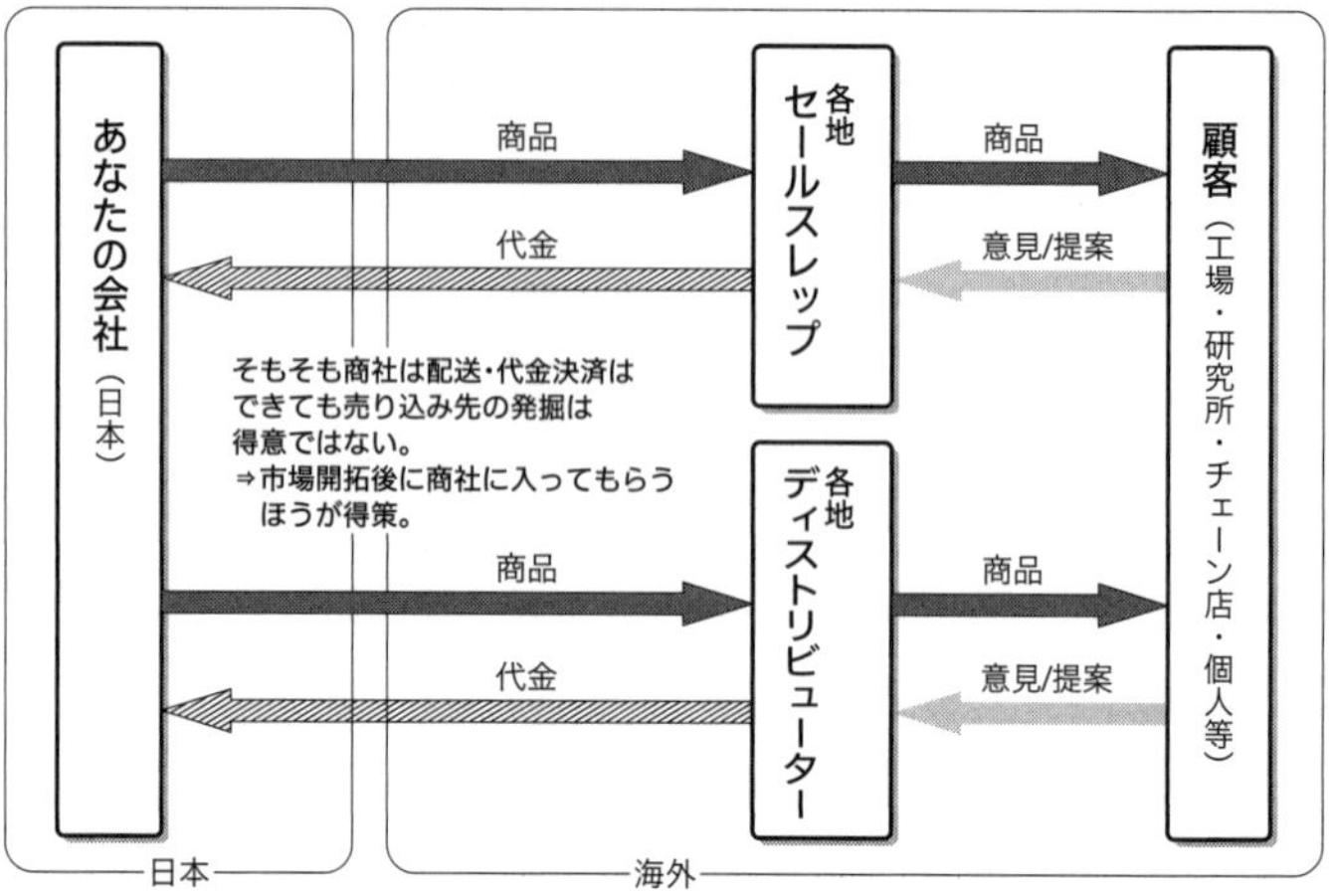

逆説的ですが、こうやって自社で適切なセールスレップ、ディストリビューターを世界各地に見つけて、**実際に製品が流れ始めると、この時点で商社が扱いたいと言ってくる**ことがあります。商社が自分で販売先を見つけてそこを教育する自信はなくても、実際に海外で売れているならその商流に入りたいと思うのです。

「天は自ら助くるものを助く」という言葉がありますが、まさにそのとおりです。「海外販売なんかにかかわりたくない、誰か助けて」と物欲しげに待っている会社には、いつまでたっても助けてくれる人は現れませんが**「自分でやるしかない」と腹を括《くく》って頑張り始めると、助けてくれる人が現れる**のです。

■ 市場開拓後でも商社に入ってもらうメリット

「海外の販売先も見つかって製品が流れ始めた今になって扱いたいとは何だ！　もっと前の販売先が見つからないときに手伝ってもらいたかったのに」と腹を立てるかもしれません。しかし、売れ始めた以降においても、やはり商社に中に入ってもらうメリットはあります。主に、代金決済においてです。

海外販売を始めたばかりの中小企業が共通して販売先に要求することがあります。それは代金の１００％前払いです。相手先もよく分からず、もし支払われなかったら回収する手段をもたない中小企業としては、全額前払いを要求するのも無理からぬことでしょう。

しかし、それは相手先にリスクを完全に押し付ける要求ともいえます。海外の相手先にとっても、その日本企業への初めての注文です。「代金を払っても本当に製品が送られてくるのか？」「送られてきた製品に不良はないのか？」「現地での使用に不都合はないのか？」等、やはり不安だらけなのは同じです。こちらが有名でない中小企業であれば、その不安はなおさら増大します。

たとえば「半額を前払い。製品の到着後に不良がないことを確認してから、残りの半額を払う」といった条件であれば、リスクを半分ずつ日本メーカーと購入者で分担しているともいえますが、100%前払いという条件はあまりにも一方的です。実際、**全額前払いに固執するあまり、日本企業が失っている販売機会は相当多い**でしょう。

ここに、商社が仲介する効用が発生します。商社にとって、製品の配送と代金の回収は専門分野です。現地企業の信用リスクを測り、金融機関の代わりに代金を一部立て替えてくれることもあります。全額前払いに固執する日本メーカーと海外販売先の間で、それをうまくつなげてくれる可能性があるのです。

また日本企業にとっては、事務手続きの簡素化も見逃せないメリットです。LC（信用状。Letter of Credit）を組んだりするのは中小企業にとって面倒です。貿易手続きに長けた人を採用するとなると経費もかかります。商社が中に入ってくれると、基本的には国内取引の枠組みでできますから、そういった手間がなくなります。

繰り返しになりますが、商社は、海外に進出している日系企業への売り込みには効果を発揮しても、海外企業への売り込みや販路開拓にはあまり役に立たないと思っておきましょう。海外の販路開拓の特に初期時点では、まず自社が積極的に販売代理店探しや教育を行い、実際に製品が流れ始めた後で、商流に商社も入ってもらうというのが現実的かつ効果的、経済的です。

column

８００円の製品が８万円で売られていた！

ディストリビューターに任せると、現地の価格戦略はお任せになるのはご説明したとおりです。それにしても、海外展開をめざす日本のメーカーは、もっと自社製品がもつ付加価値を真剣にとらえ直すべきかも……と考えさせられる事例をご紹介します。

〝はんだごて〟の関連部品を製造・開発しているメーカーがありました。日本の優秀な電子製品を支えている技術です。

このはんだごて関連部品メーカーの工場出し価格は、１個８００円でした。そしてある南米のユーザーは、これをなんと１個８万円で購入していたのです。工場出し価格のなんと１００倍（！）です。このケースでは、ひとつのディストリビューターだけでなく複数の会社が介在していたので、彼らの利益分が大きく乗せられていた面はあります。しかしこの話のポイントは、このはんだごて関連部品には、1個8万円でも買いたい！　と思わせる価値があったという点です。

しかしながら、メーカーは自社の製品が海外でそれほどの価値を認められているということを知りませんでした。直接取引していたディストリビューターからは「もっと安くならないか」とさえ言われていたのです。このディストリビューターも、エンドユーザーに至る仲介者をすべて把握していたわけではないと思われるので被害者かもしれませんが、メーカー担当者は誠実に生産コストを切り詰めて対応してきただけに、現実を目の当たりにして唖然とした、と話してくれました。

ディストリビューターは基本的に「安く買いたたいて高く売る」のが仕事です。その差額が彼らの利益になるからです。したがって、メーカーがどんな価格を提示しようと「高すぎる。もっと安くならないか」と言ってきます。

それを真に受けて「やはり円高だな」とか「海外ではこの価格では競争力がないのか」と早急に結論を下すメーカーも多いようです。しかしディストリビューターは、どんな価格を提示しても高いと言うものだ、と覚えておくとよいでしょう。

第2章のまとめ

■海外パートナーは大別して、購入した製品の所有権をもち在庫や価格決定権ももつ卸売業の「ディストリビューター」と、在庫も価格決定権ももたない成功報酬型の販売代行業である「セールスレップ」がある。

■ディストリビューターであっても、最初は在庫をもたずに「セールスレップ」的な機能として取引を始め、販売実績が見えてから「ディストリビューター」らしい取引に移行する場合が多い。

■メーカーであれば、まず売上が早期に確定するディストリビューターから探そう。それが見つからない場合や、価格決定権や顧客リスト確保にこだわるならセールスレップを選ぼう。

■商社は海外の新製品販路開拓には不向き。ただし市場開拓後でも商社が入ってくれそうなら、製品配送と代金回収の代行を任せてしまおう。

第 3 章

販売代理店探しには展示会を活用しよう

海外展示会で調子のよい人には慎重な対応を

では、セールスレップやディストリビューターといった海外の販売パートナーを、どうやって見つければよいのでしょうか？

最初に思い浮かぶのが、海外の展示会でしょう。

メリットは、何といっても実際の製品を見てもらえることです。特に、操作性が問題になるような実験機器やもち運びが難しい大型機械といった製品の場合、触っていろいろ試してもらえることは大きな利点です。ホームページ（ＨＰ）やカタログだけではどうしても分からないことが多いからです。

本当に興味をしめした人や会社は、期間中に何度もブースにやってきます。社内の人やクライアント候補を連れてきて、その製品を見せたり触らせたりします。そうやって自身の決心を固めていくのです。そういう場を提供するという意味でも、展示会への出展は意味があります。

注意が必要なのは、調子のよすぎる人です。

「これは素晴らしい製品だ。ぜひ我々に販売させてくれ。この国の独占権をくれれば初年度から10億円の売上は堅い」といった甘い言葉で近寄ってくる人も散見されます。

その人は「初年度から10億円売れる」と本気で思っているのかもしれません。しかし実は、現地のメーカーからまったく相手にされていない人である可能性もあります。取扱製品がないので、なんでもいいから商材をもちたい状況なのかもしれません。

それでも片言の日本語で「スバラシイ！　スバラシイ！」と連発されると悪い気はしないものです。つい「この国の販売代理店になってみるか？」といった声をかけたくなるのも無理はありません。

しかし、**本当に実力のある販売代理店は「売ってやってもいいよ」と上から目線で言ってくることもあり得る**と覚えておきましょう。

このように展示会での出会いの問題点は、こちら側が相手の内情を知るすべがないことです。相手には展示しているこちらの事情がよく分かるのですが、こちらからは相手の企業規模、専門分野、販売地域、どういったことができるのか、といった情報が対面時にはまったく見えないのです。

ディストリビューター、セールスレップとココを詰めよう

展示会で販売に興味を示すパートナー候補には、いろいろな質問を投げかけなければなりません。

まず確認すべきは「あなたの会社はディストリビューターなのか、セールスレップなのか」です。

もし相手が「ディストリビューター」や「セールスレップ」という言葉を理解していなければ、その語句の意味も説明しなければなりません。つまり我々から製品を購入して再販するつもりなのか、それとも販売の代行だけして後で成功報酬がほしいのか、という説明です。特にアジア地域ではこの区別がついていませんから注意しましょう。

相手がディストリビューターであれば、あなたの会社からモノを買う人ですから、彼らと交渉すべきことは基本的に売買条件になります。注文の数量、価格、納期、支払い条件、といったことを詰めていきましょう。

一方、相手がセールスレップであれば、彼らに質問すべきは「どの地域に販売したいのか?」「その地域に有望な売り込み先としてどういった会社があるのか?」「コミッション（成功報酬）としてどれくらいの料率を求めるのか?」「我々の製品はただ単に売るだけでは十分ではなく、アフターケアも必要になるがそれが可能か?」等です。

つまり、**ディストリビューターとセールスレップでは交渉すべきことが違うので、相手がどちらなのか認識していないと交渉が成立しない**のです。

こういったことは自社が求める販売代理店の条件・要望として、あらかじめまとめておくとよいでしょう。

大まかにいえば、次のような要望です。

「我々は、アジア各国にディストリビューターがほしい。在庫をもって再販してくれる会社だ。再販価格は各国の実情に合わせて任せるつもりだ」

「我々は、中国に在庫保管するディストリビューターが最低1社ほしい。あと中国は広いので、最低5カ所にセールスレップを求めている」

「ヨーロッパ各国に、現地言語での問い合わせ先となるセールスレップがほしい。顧客の最初の窓口となってくれるだけでよい。先方が本気であると分かれば、日本につないでくれ。細かい打ち合わせは日本からエンジニアを派遣して行うから」

∷ 展示会での理想的な接客方法とは？

展示会での接客のコツについても簡単に解説しておきます。

ぜひ慎んでいただきたいのが、日本から多くの関係者がきてブースに集まって話しているケースです。ほかのお客様が質問したくても声をかけづらくなります。

ブースには、ひとりひとりが離れて立っているほうがよいでしょう。お客様とは**図6**のような6分間程度のやりとりを心がけておけば間違いはありません。

最初はブースの前を通る人と目があった瞬間に「ハロー」と声をかけ笑顔を作ります。声を出さずに笑顔で手をあげるだけでもＯＫです。「あなたを認識しましたよ」と伝え

図6　展示会で勝負！ 6分間の商談プロセス

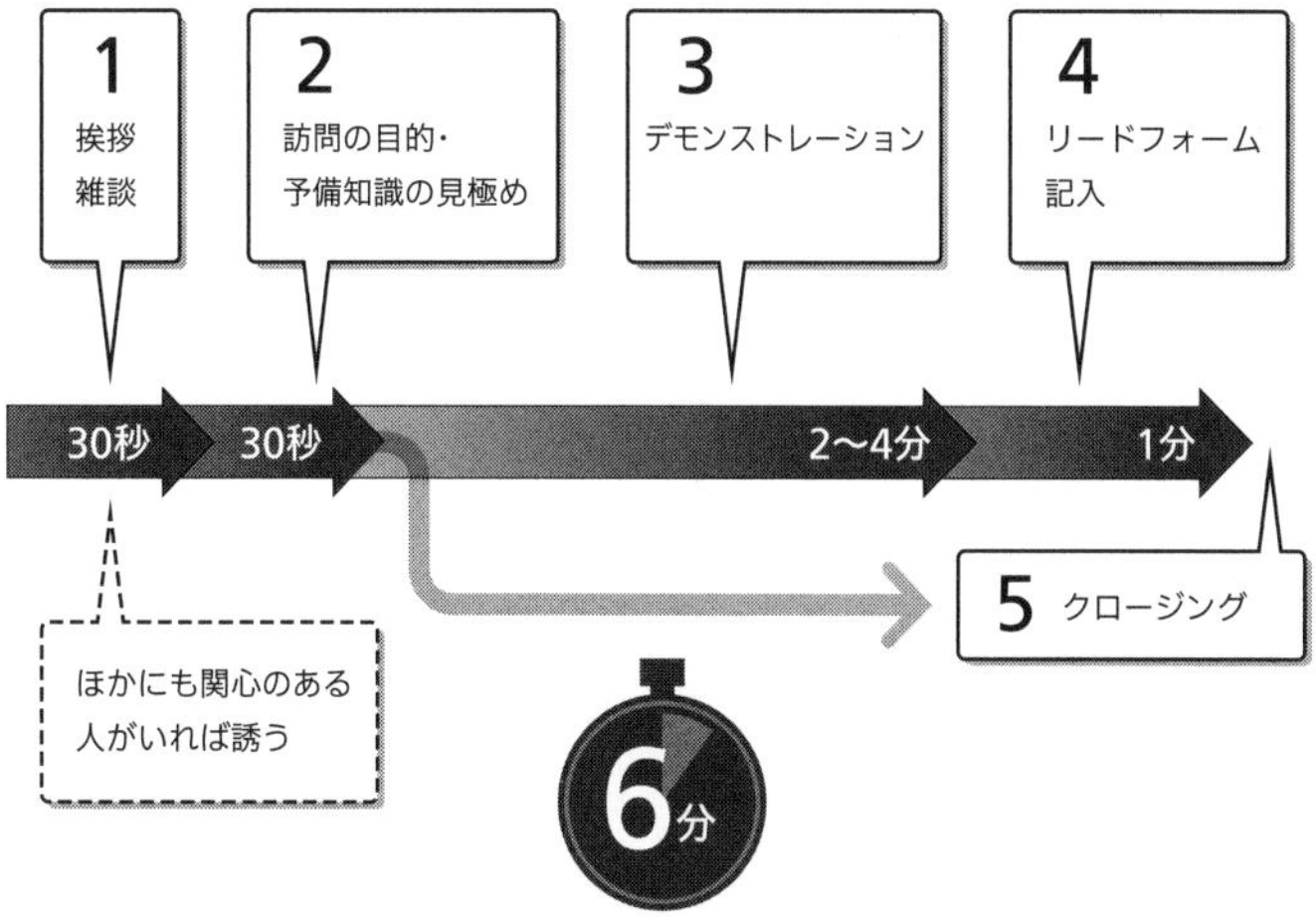

てあげるのです。

なんだそんな簡単なこと、と思われるかもしれませんが、それすら躊躇するシャイな日本人が非常に多いのです。しかし、そこは外国です。**別人になったつもりで思い切ってやりましょう。**

興味がない人は「ハーイ」と返してくれるものの近寄ってきません。興味がある人は近寄ってきます。

次にすべきことは、この製品に対する興味・関心度合いを確認することです。海外なら直接聞いてOKです。簡単に30〜60秒程度で製品説明をした後で、「こういった製品を使われたことがありますか？」「こういった製品の購買に関心はありますか？」とズバリ聞くのです。ここまではブースにいる全員が英語でできるようにしておいたほうがよいでしょう。パターン化された英語だからです。

「いいえ。ビジネスには関係ないのだけれど単なる好奇心で」と答えられたら、「どうぞごゆっくり見ていってください」と言いましょう。

もし「はい。今似たような製品を使っているのですが、性能が悪いので取り換えを考えているんです」という回答なら、第3段階として実際の製品を前にしてさらに詳しい説明・プレゼンに入ります。2～4分程度。この部分は、ブース内で少なくとも1人はできるようにしておいてください。

最後、第4段階は連絡先の住所・メールアドレスを記入してもらうか、または名刺をもらいます。できれば、少しでもよいので相手とどういったことを話したかメモしておいたほうがよいでしょう。短期間に多くの人と出会う展示会では、そういったメモがないと後で思い出せなくなります。

最後に握手をして、一連の流れが終わります。

このわずか**数分のやりとりでポイントとなるのは、相手の質問を引き出すこと**です。

そして、それを宿題とすると、展示会後のフォローアップがいっそう有効になります。

たとえば、耐久性に関する質問があってその場で答えられなければ、「その件、調べてまたお知らせします」とお答えしておきましょう。

「xxx展示会でお会いしたピンポイント・マーケティング・ジャパンの大澤です。弊社のブースに来ていただきありがとうございました。その際、弊社製品についての耐久性について質問をいただきました。その資料がまとまりましたので同封します」と後日にフォローアップすることができます。おまけに「先にお送りした技術資料をお読みいただけましたでしょうか?」と再度、メールできます。

展示会は後のフォローアップがカギであり、個別質問に答えるようなパーソナルな形で行えればさらによいです。それによって、買い手の製品理解が深まるだけでなく、「この日本企業は信頼できるな。製品を購入した後に問題があったとしてもきちんとしたアフターケアをしてくれるだろう」という信頼感を醸成することができます。

展示会後すぐに製品の購入に結びつかなくても、「相手の記憶に残しておく」ことが将来につながるのです。

■ 多様化している海外展示会の最新事情

海外の展示会にも、いろいろな形があります。

たとえば、「バイオ・ヨーロッパ」という展示会。ヨーロッパ屈指のバイオテクノロジー関連イベントで、多くの関連企業が参加します。特徴はその参加費の高さです。なんと1人当たりの参加費が25万円（！）もするのです。日本では多くの展示会は事前登録さえしておけば参加費タダですから、まさにケタ違いの高額さです。

費用が高いだけに、当然ながら参加者は非常に厳選されています。中小企業なら社長、大企業なら部長級以上、大学なら学部長クラス、研究所であれば所長かそれに準ずる研究員、とほぼ決定権をもった人しか参加しません。ブース展示も行いますが、さほど重要ではありません。この展示会のメインは、参加者同士の個別ミーティングだからです。

あらかじめ、製品説明のほか「どういった販売パートナーや共同研究パートナーを求めているか」「どういったことで困っているか」といった情報をウェブ上に登録しておくと、希望の会社にその情報が伝わる仕組みになっています。相手がミーティングＯＫのボタンをポチッと押せば、30分間のミーティングの時間と個室が自動的に調整されます。展示会でその時間に指定された個室にいくと、相手がいるというわけです。
これを3日間やると、軽く20～30社の会社とミーティングできます。お互いに興味を表明した会社や研究所同士であり、商談相手は決定権をもった人ですから、非常に効率的です。

私も支援企業と一緒に参加したのですが、ドイツの有名なバイオ協会の会長や研究機関の幹部など、ふだん簡単に会えない人と、30分とはいえ個人的に話す機会に恵まれました。25万円の参加費の価値は、十分以上にあると実感しました。
参加者にはほかにも、ベンチャーキャピタルやマーケティング支援会社、規制・認証の取得を支援する会社も含まれます。この展示会に参加することで、単に売り込みだけでなく資金集めや販路網構築、各国規制の遵守など、あらゆることの手がかりがつかめるのです。こうなるともはや、展示会という概念を変えたほうがよいかもしれません。

また米国に「ＥＤＳ」という展示会があります。電子部品・機器の展示会で毎年5月にラスベガスのホテルで行われます。これも参加者が３００名程度と少なめです。なぜなら参加者がメーカー、ディストリビューター、セールスレップに限定されているからです。基本的には販路を求めるメーカーがブースを出します。ディストリビューターやセールスレップが面白そうな取扱製品を求めてやってきます。

メーカーはブースのほかにホテルの部屋をとっておいて、そこであらかじめお互いにアポイントメント（アポ）をとったセールスレップやディストリビューターと商談を行います。会場に行ってもガランとした雰囲気なので、初めての人は「この展示会、大丈夫かな？」と感じるかもしれませんが、実質的な商談の場を提供する展示会として人気があります。

同じくラスベガスで行われる家電を中心としたＣＥＳ（Consumer Electronics Show）という展示会は来場者15万名以上、日本でも毎年のようにニュースで紹介される人気の展示会です。これは大企業が新製品をお披露目するという意味ではよい展示会ですが、実質的な販路を求める中小企業にとってそれほど効率的とはいえません。観光気分で参加する方も大勢いらっしゃって、その対応に時間を取られるからです。本気の人と物見遊山の人の区別がつきづらい展示会です。

このように展示会も多様化してきており、**単なる製品披露の場ではなくなってきてい**

ます。出展に際しては、事前にその展示会の特徴をよく調査しておきましょう。

あなたの会社に合う展示会はどう選ぶ?

そもそも出展する展示会をどのように選ぶかという問題があります。**多くの日本企業は大規模な国際展示会を選びがち**です。ジェトロをはじめとする公的機関が支援する場合もありますし、また、そうでなくても日本に事務局があって申し込みやすいからです。大きな展示会は世界中から人が参加しますから賑《にぎ》やかですが、フォローアップも世界中にしなければなりません。実質的には、電子メールによるフォローアップぐらいしか方法はないでしょう。

逆に、小規模な展示会の場合はフォローアップが楽です。台湾の台北で展示会があるとします。来場者は台北近郊の人・会社ばかりです。集まる名刺は少ないでしょうが、1カ月後に台北にいけば、名刺のすべての会社を訪問してフォローアップも可能でしょう。小規模な展示会にもそれなりのよさがあるのです。

それでも中小企業が大規模な国際展示会に申し込んでしまうのは、先に述べたように日本に問い合わせ先があるからです。これを逆の立場から考えれば、日本の中小企業が海外現地に問い合わせ先となるセールスレップ、ディストリビューターをもつことの重要性も示しています。

日本の展示会でも海外販路はできる

海外での販売パートナー募集は、海外展示会でなければならないわけではありません。日本で開かれる展示会でも大規模であれば海外からのお客様が相当数いらっしゃいます。

そこで、次のような張り紙を出しておくと、興味がある海外の人が寄ってきます。

- Distributor Wanted（ディストリビューター募集・**写真**）
- Sales Rep Wanted（セールスレップ募集）
- Territories Available（販売地域、まだ空いています）

特に販売パートナーを中国にほしいとか、韓国にほしいなど条件が決まっている場合は、中国語やハングルでその旨を掲示しておけばよいでしょう。通りがかった中国人や韓国人が何だ？　何だ？　と近づいてきてくれます。

展示会の開催場所が日本にしろ海外にしろ、**重要なのは「販売パートナーを求めている」ということを明確に伝えること**です。繰り返しになりますが、製品説明だけしていてもそういった意思は伝わりません。

「タイでディストリビューターを探しています」

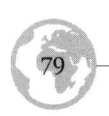

展示会でなく、直接アプローチも効果的

海外販売パートナーを見つけるのに、かならずしも展示会に出展しなければならないということはありません。

調査会社、データベース、ＨＰ閲覧等を活用して販売パートナー候補のリストを作成して直接アプローチするといった方法もあります。郵便や電子メールで資料を送り、興味を示してくれたパートナー候補とは、引き続きメールや電話でやりとりするのです。

展示会を介せずにこういった直接アプローチする方法のメリットは、コストが安くつくことはもちろんですが、相手のことがよく分かるという点です。そもそもアプローチ前に絞り込みますから、その時点でアヤシげな会社は除外されます。

実際に返答があった会社を訪問すれば、さらに大きな情報が得られます。どういったオフィスなのか、スタッフは快く挨拶してくれるか、倉庫はどれぐらいか、競合他社製品のカタログやサンプルがどのぐらい置いてあるか？　メーカーからの優秀販売店とし

ってきます。

ての表彰状が飾ってあるか……等、展示会で名刺交換しただけとはケタ違いの情報が入ってきます。

また先方も、相手がわざわざ日本から来たことが分かっているだけに、ミーティングでも多くの情報を語ってくれるのが普通です。1～2時間程度のミーティングに加えて、ランチやディナーを一緒にとることもあります。先方の経営者の人柄や考え方をも感じ取ることができるでしょう。このあたりも通常の展示会とは違います。

こういった訪問ミーティングにおいても、欧米の販売会社は合理性重視です。こちら側が売り込もうとしているものに先方が本当に興味を示していなければ、アポも取れません。ミーティング前に価格表などを要求してくることもあります。可能性がないと思えば「来て会っても無駄だよ」と言ってきます。

つまり、**伊達や酔狂で欧米の会社は会ってくれません**。多少の興味を表明した会社でも「ではx月x日に日本から訪問してよいか」と聞くと、「いや、そこまでじゃないんだ」と断ってくる会社が多いものです。逆に、アポが取れた会社は本気だということです。

そして、**相手が本気であればあるほど、厳しいことを言ってくることを覚悟しなければなりません。**訪問ミーティングでは価格、仕様、形状、カタログ、マニュアル等、「こんなんじゃダメだ。もっとこうしろ」とダメ出しされることもしばしばです。

彼らにしても売れるものを作ってもらわなければ自分たちのビジネスが成り立たないので真剣です。日本からわざわざ訪問してダメ出しされるのですから、メーカーの中には嫌がる担当者もいますが、ここは我慢です。このダメ出しが貴重な意見なのです。

訪問先がアジアであれば、欧米に比べてアポを取りやすいケースが多いです（あくまで欧米企業との比較であって、決して容易ではありません）。「とりあえずご挨拶」といった日本風のアプローチも理解してもらえます。まだ当該製品を扱いうる状況でなくとも、日本に自分の国の将来の姿が見えるといった意識もあるので勉強も兼ねて会ってくれるのです。

そのミーティングでも心地よいことを言ってくれるので、こちらとしては期待するのですが、いつまでたっても話が進まない、ということもよくあります。儀礼的に会っただけで製品に本当に興味をもっているわけではなかったためです。このあたりは日本企業の海外企業への対応と似ているといえます。

過去、**新規に売り込んだ経験のない人ほどアポ取りの難しさを認識されていない**ようです。

俗に「センミツ（1000に3つ）」といいますが、どの国でも相手がエンドユーザー候補であればこの数字はあながち間違いではありません。セールスレップ、ディストリビューターといった販売代理店であれば新規メーカーとの接触はビジネスチャンスでもあるためまだ取りやすいですが、それでも10％もアポが取れれば高いほうです。

つまり5社とのミーティングをアレンジしようとするなら、10社程度にアプローチしたのではまったく不十分です。数十から百社ぐらいはアプローチとフォローアップをしなければならない計算になります。このあたりの感覚が分かっていない日本メーカーは、意外と多いようです。実績のない新製品を面識のない海外の販売代理店に扱ってもらうのは、それほど大変なことだと気合いを入れて取り組みましょう。

■資料送付で〝即ゴミ箱行き〟を避けるコツ

アポ取りのためのアプローチで多いのが、最初は資料の郵送などですが、単にカタログを送付するだけでは、ゴミ箱に直行すること請け合いです。

それを避けるには、いくつかコツがあります。

まず**宛先には、会社名でなく担当者の名前をいれましょう**。購買部長や営業部長などです。それが分からなければ、社長の名前がよいでしょう。社長名だけは公開されている場合が多いので調べられます。

そして**同封する資料として、英文カタログはもちろんですが、1〜2ページのカバーレターをいれてください**。そこで自社の紹介、製品の紹介、製品を取り扱うことのメリット、訪問ミーティングの打診を記します。ここで大事なのは、タイトルや文面を「ビジネスの提案」という体裁にすることです。

こういった郵送資料を受けとった会社が、もし中小企業で封をあけた人が社長本人であれば問題ありません。少しは検討してくれるでしょう。しかし中規模以上の会社で、最初に封をあけた人が社長秘書や総務の方だった場合、単なるカタログであれば即ゴミ箱行きです。

しかし、少なくとも**「ビジネスの提案」という形をとっていれば、秘書の権限でそれを捨てることはできません**。社長か、しかるべき担当者に転送してくれて、少なくとも正式な検討ラインに乗せてもらうことができます。

たかが郵送物、されど郵送物で、そうした細かな仕掛けで結果が大きく違ってくるのです。

知り合いを通じたパートナー紹介もありえる

販売パートナー候補の探し方として、最後に「紹介」という方法があります。取引銀行がベトナムに支店をもっていて、そこからベトナムの販売パートナーを紹介されるといった場合です。

紹介のメリットは、相手の身元がはっきりしていて信用できることです。お見合い結婚のようなものですから、相手の信頼性が担保されています。

ただし、やはり紹介者も商売ですから、単にあなたの会社とマッチしそうだというだけでなく、そこに**何らかのバイアスがかかっている可能性**はあります。たとえば銀行の紹介であれば、その銀行の取引先を紹介して、もしあなたの会社とその販売店との間で輸出入が発生すれば、その銀行も儲かるようなスキームを目論んでいても不思議はありません。間違っても競合銀行の系列の販売代理店を紹介してくれるということはないはずです。そのつもりで、紹介先と組んで自社にメリットがあるかどうか、冷静に見極めましょう。

“社長の友人”に任せるのは難しい

また、社長の知り合いに海外販売を任せる、というケースもよく聞きます。長年インドネシアでビジネス経験のある、社長の同級生が定年を迎えたからと「彼なら10年もインドネシアに住んでいて現地事情にも通じているし、彼に販売を任せてみようか」といった話になるのです。

これはあまりお勧めできないルートといえます。昔からの親友で信頼できることは分かりますが、**その国に住んでいただけで、セールスができると想定するのは間違い**だからです。現地語が話せる専門分野の人であっても、セールスは大変なものです。日本人の他業界の人が、簡単に始められるものではありません。

ただし、**紹介された人や会社に話を聞くという範囲であれば、どんどん会いに行きま**

しょう。海外からの情報はどうしても一元的になりやすく、その真偽の検証がしにくいので、できるだけ多くの情報ソースをもっておくに越したことはないからです。

以上、販売パートナー候補を探す方法として展示会、直接アプローチ、人からの紹介と3つをあげましたが、どれがベストというものでもありません。すべてを活用して、**最初はなるべく多くのオプション（選択肢）をもつことを目標としてください**。その選択肢の多さは現地情報の質・量と比例しますし、販売パートナー候補との交渉力も高まるからです。

column

たった5名の会社でも世界中に販売網を作れた！

以前、私が支援した会社に、工場で使う検査装置を製造している従業員5名の会社があります。社長と専務が営業、あとの3名は製品の組立を15坪ほどの事務所で行っていました。製品がユニークだったので海外販売をしたがっていましたが、あまり進んでいませんでした。社長の英語も典型的な日本人のレベルです。しかし、やる気はありました。

県の補助金をもらってシンガポールでの展示会出展が決まったときに、社長と私で話し合い、この展示会での目的をアジア各国の販売代理店網の構築に決めました。どういった販売代理店（ディストリビューター、セールスレップ）がほしいのかを社長に自由に話してもらったところ、以下が社長の希望でした。

- 各国にディストリビューターがほしい
- 支払いはディストリビューターからの前払いにしてほしい
- メーカーからの製品保証期間は1年間に限定したい

それで、この条件をディストリビューター候補向けの販売契約書案にまとめて準備したのです。

展示会でブース訪問してくれたアジア各国からの販売会社で「これは！」と感じる会社があると、こちらの提案とこの契約書案を見せます。そうすると非常に具体的な話し合いをすることできます。

その場で契約締結には至りませんが、日本に帰国してから少しやり取りするだけで、数社とディストリビューター契約を結ぶことができました。それで順調に販売が始まったのです。現在、この会社は世界12カ国にディストリビューターをもって順調に販売しています。

第3章のまとめ

- 海外の販売パートナーを探すには展示会を活用しよう。
- パートナー候補がディストリビューターなのか、セールスレップなのか、必ず確認しよう。
- 展示会は多様化しているので、目的に合ったものを選んで参加しよう。
- データベースやホームページ調査で割り出したパートナー候補に直接アプローチしたり、知り合いから紹介してもらう方法も検討しよう。
- ちょうど進出希望先に住んでいるから、といった気軽な理由で、社長の友人であってもそのビジネスの素人に任せるのはやめよう。

第 4 章

海外で通用する資料を作るには日本語から見直そう

たかがカタログ、と侮るべからず

中小企業と大企業の決定的な差のひとつは、カタログ等の紙媒体に出ます。中小企業は端的にいって、カタログにお金をかけなさすぎるのです。製品開発以外にお金をかけることは無駄だと割り切っているかのようです。

よく産業材関連の中小企業メーカーの創業社長さんで発明家の方が、紙ペラ1枚のカタログを見せてくださることがあります。「資料はこれだけですか?」と聞くと、「見る人が見れば、これで分かります」と自信をもって答えられます。残念ながら、これでは海外はおろか日本でも新規の顧客開拓は無理です。

特に大企業の下請けを長年やってこられたメーカーに多いのが、工場にどういった工作機械が何台あるといった記述ばかりのカタログです。ずっと自社製品を宣伝する資料が必要なかったので仕方ないのかもしれませんが、それだと自社製品を売り込みたいという熱意どころか、自社製品がどのような物かさえ伝わりません。

実のところ、中小企業の製品カタログで「素晴らしい」とその内容が伝わるものは稀《まれ》です。なんとなく素晴らしそうな製品・技術だなという印象ぐらいはもてても、実際のところよく分からない、と思う人が大半ではないでしょうか。

ところが、そういったメーカーの社長と面談してネホリハホリ聞いていくうちに、1時間ぐらいしてようやく「素晴らしい製品だ」と分かる場合が往々にしてあります。確かに素晴らしい製品なのですが、それが文言としてカタログなどの紙媒体に落とし込めていないのです。

社長に「いま、おっしゃったこと（性能または実績等）はすごいじゃないですか。なぜカタログで大きく書かないんですか？」と聞くと「いやー、そういったことも書きたいとは思っているんですけどね……」とはにかまれたりします。

売り込み先が日本企業なら、これで結果オーライかもしれません。何度もミーティングして話をしているうちに、だんだんとその会社製品のすごさや社長の誠実さが伝わるというのは、かえって信頼にもつながるでしょう。大げさで派手でないパンフレットも謙虚で好印象かもしれません。

しかし、海外での売り込みにはまったく通用しないのです。

海外での出会いは一期一会、一回勝負と肝に銘じなければなりません。

海外展示会で、あなたの会社製品をとても気に入ってくれた人がいたとします。英文パンフレットをもって帰ってもらいました。

そのパンフレットをもって帰った人が、展示会で1回聞いただけの説明を、同じように彼の社内でできるでしょうか？

おそらく十中八九できないでしょう。彼のできることといえば、パンフレットを社長か担当者に見せて、素晴らしい製品だと思いました、と好意的なコメントを添えることぐらいです。製品説明から説得までを期待するのは、無理というものです。その製品パンフレットを初めて見る人にも、その製品の素晴らしさが即座に伝わらなければ、そこで話は断ち切れてしまうのです。

私自身、中小企業の社長から自社製品の素晴らしさを切々と訴えられることがあります。話を聞けば確かによく分かります。しかし私がそれを資料なしで海外スタッフに伝えると、１００の情報は30ぐらいになってしまいます。そして海外スタッフが現地の販売代理店に伝えるときは10ぐらいに、彼らがエンドユーザーに伝えるときは3ぐらいになっているかもしれません。分かりやすい製品資料がないと、こういう結果になるのです。

ですから、**海外向けの製品資料は「まず日本語で、中学生でも分かるように作ってください」**とアドバイスしています。中学生が読んでも「確かにこれは素晴らしい製品だ」と分かるように作るのです。専門技術を詳細に述べても中学生には伝わりません。しかし、その製品のメリット、その製品によって何が可能になるのか、を具体的に述べれば素人にも伝わります。

そもそも海外企業の社長は、技術にまったく興味がないことも多いのです。「儲かるか、儲からないか」にしか興味のない人に、高度な技術説明をしたところで始まりません。**日本のように技術者が発言権をもつ社会は珍しいと思わなければいけません。**

ある国際展示会で、ビルの配管内をきれいにする装置を販売する海外企業がありました。日本企業であれば、その洗浄装置の性能をうたい上げたことでしょう。10ミクロンの粒子のゴミまで採取できる……等。しかし、この説明を聞いて真のすごさが分かる人は、どのぐらいいるでしょうか？　来場者の5％もいないかもしれません。

ところがその海外企業が大きく宣伝していたのは、その装置を買って配管清掃事業をすれば「どれぐらい儲けられるか」という点でした。どこで儲けることができるかという点が大きくまとめられていたのです。これなら配管清掃の経験がまったくない人でも100人中100人が興味をもちます。関連業界の人であれば、とりあえず話を聞きたいと思うでしょう。

繰り返しになりますが、海外では日本以上に資料の重要性が高まります。資料だけが現地に残るからです。そして、訪問・電話による先方へのフォローアップが難しいことを考えると、日本の顧客相手と比べて資料の質が格段に重要であることを理解いただけると思います。

英文カタログは日本語から作り直そう

では、どうすれば分かりやすく魅力的なカタログを作ることができるでしょうか?

ポイントは、外部の視点を反映することにあります。

まず、パワーポイントかワードでよいので、日本語で作りましょう。それも外部の素人、同じ業界にいない人に製品説明して作ってもらったほうがよいです。業界や社内では当然知られていることとして、省略される説明があったりするからです。

テレビのバラエティー番組で「家電芸人」という企画が流行ったことがあります。家電製品が好きな芸人さんが、自分の好きなスピーカーや空気清浄機等を説明するのです。取り上げられた製品はバカ売れしたと聞きます。

これもメーカーとはまったく関係がなく専門知識のない芸人さんが、その製品の特徴を理解して好きになり、自分の言葉でそれを説明したからこそ爆発的な訴求力をもったのです。芸人さんがメーカーの専門知識を一般人にも分かりやすく翻訳してくれたと言えるでしょう。

私が代表を務めるピンポイント・マーケティング・ジャパンは、社名のとおりマーケティングの会社です。当然、説明が上手であるべきです。

ところが「大澤さん。ピンポイント・マーケティング・ジャパンの業務はインタビュー記事に書かれている内容が一番分かりやすいですね」と言われることがあります。我々のようなマーケティングの専門家でさえ、自社で作ったホームページ（ＨＰ）やパンフレットよりも、他人（インタビュアー）に引き出してもらった情報のほうが分かりやすいのです。

自分で自分について説明するのは本当に難しいものです。また自社が認識している自社の魅力と外から見た魅力が違うということもよくあります。そういったことも外部の人の目を通して初めて分かることが多々あります。

書くべきポイントは、以下のような点です。パワーポイントで各1ページ程度、日本語で書いてみましょう。**できれば業界（社内）の外にいる人に説明して、彼・彼女と議論しながら、その人に書いてもらうのが理想的です。**

実際のところ、説明が上手い人は分野を問わず、自分が理解したことを自分の言葉で説明するのに長けているものです。ぜひそういった人を見つけましょう。

1. 市場の概要
2. 市場に出ている競合製品の問題点
3. 自社製品がどういった形でその問題点を解決できるか

4. 自社製品の詳細・シリーズ説明
5. 自社製品の実績・活用分野等

読む人が1と2は当然に知っているものと仮定して、**いきなり3や4の自社製品の特徴、詳細、シリーズ説明からしてはいけません。**まずは簡単にでもよいので、前振りとして1と2の情報をいれてください。繰り返しますが、これを海外で読むのは専門知識がある人だけではないのです。

また、俗に「アプリケーション」と呼ばれる実績・活用分野は非常に大事です。単に文字の羅列だけでなく、できればその製品が使用されている写真をふんだんにいれてください。

こういった資料を作成してくれる方が知り合いに見当たらない場合は、公的機関や金融機関が専門家派遣を無料または格安で行っているので、それらのサービスを活用してもよいでしょう。

または**新入社員の最初の課題としてもよい**かもしれません。先輩社員から聞いた市場や製品の説明を、自分の言葉で分かりやすく文章化するのです。ここで彼らに求められるのは、専門知識ではなくコミュニケーション能力です。

中には英語の得意な人がいて「英語のカタログなら最初から英語で書く」という方がいらっしゃるかもしれませんが、これはやめておきましょう。

書く内容がその人の英語レベルに限定されるからです。英語でなくまずは日本語できっちりと内容を書きあげましょう。それを専門の翻訳家に訳してもらったほうが絶対によいものができあがります。

ワードかパワーポイントでまずそういった簡易資料を作り、それを海外のセールスレップやディストリビューターに見せてブラッシュ・アップしていき、ある程度固まったところで正式な印刷カタログを作るというのがお勧めの手順です。

ちなみにディストリビューターで特に大手の場合、こちら側のカタログの記載に無関心な場合があります。彼らのカタログの中に記載してしまうので、メーカーが作るカタログの記述は関係ないからです。それに対してセールスレップは、メーカーが作るカタログを非常に気にしています。彼ら自身がそのカタログをもって売って歩くことになるので、恥ずかしいものはもちたくないからです。

「今、この資料しかないのなら仕方ないが、今度改訂するときにはここを修正してくれ」とか「こういった顧客向けの実例を入れてくれ」といった要望もしてくるでしょう。せっかくですから、貴重なアドバイスとして受け入れましょう。

価格表は外せない情報だ

展示会に出展している日本企業で、価格表をもっていない会社がしばしばあります。せっかく興味をもった会社が価格の話をしようとすると「いやー、まだこの国での価格は決まってないのです」。

これでは、相手も検討のしようがありません。「まあ、頑張ってください」と熱が冷めてしまいます。

日本のメーカーとしては「初めての海外販売だから仕方がないじゃないか」と言い訳したくなるところですが、**最低でも、工場出し価格と最低発注量だけは用意していくべき**です。それもないとなると、相手には検討の手がかりすらありません。

輸送料については、サンプルのような軽量小包については郵便局のEMSというサービスの料金検索のサイトがあるので参考にするとよいでしょう。

http://www.post.japanpost.jp/int/charge/list/

各国別に、小包を送った場合の重量ごとの料金と日数の目安が分かるようになっています。最低発注量分の小包の重量と対象国を入力すると料金が出てきますので、それを参考送料として価格表に掲載するだけでも、検討する人には参考材料になります。

また関税については、ジェトロのホームページ上で世界の関税率を検索できます。

http://www.jetro.go.jp/themetop/export/e-tariff/

ただ、実際には**製品がどの分類に認定されるかは、それぞれの国、場合によっては港や税関の担当者によっても違ってくる**ことがあります。特に発展途上国においては注意が必要です。

いずれにしても関税ぐらいは当該国の輸入者に任せてもよいですが、製品価格と最低発注量、参考となる送料価格はぜひ用意しておいてください。

販売代理店向けの提案書を作成しよう

海外の販売代理店を探すには、「提案書」を用意して、**あなたの会社とであればウィン＝ウィン関係を築けるのだ、という点を具体的に説明する**必要があります。

この提案書に、セールスレップまたはディストリビューターという枠組みの中で彼らの権利が守られること、彼らが得る収益の基準、エンドユーザーの候補、売り込み手順、アフターケアの必要性などをまとめて提示するのです。

今まで日本企業が販売パートナーを探す際の典型的な方法は、「製品説明だけをして相手の出方を見る」といったものでした。販売代理店候補のほうから「この国の独占販売権をくれ」などと言われて、初めてその可否を考えるという態度です。あるいは、もっと大雑把に「販売提携の提案をお待ちしています」というざっくりした挨拶程度で終わることもしばしばでしょう。

昔のような単純な製品で、インターネットもなく情報のとりづらい時代であれば、それもよかったでしょう。しかし今、日本が売ろうとしているのは、高度な技術製品です。販売には技術説明や販売後のアフターケアも必要かもしれません。そういった事情はメーカーにしか分からないのです。要件を説明することもなく「販売提携の提案をお待ちしています」と言っても無理があります。

繰り返しになりますが、**彼らが一番心配しているのは、販売努力をして市場が立ち上がってきた途端にメーカーが自分たちの頭越しにエンドユーザーに売り込みをしないか**という点です。そうされると、なんのために努力してきたか分かりません。

そこで、販売代理店（ディストリビューター、セールスレップ）候補に「提案書」を渡してセールス活動の内容や収益確保のイメージが浮かぶようにします。自分たちにセールスができるかどうかを判断できる材料をあげるのです。それが販売代理店候補との議論のたたき台になります。

日本での新規取引先との関係でしたら、逆に、いきなり提案書を出したりはしないでしょう。お互いの様子を見ながら、徐々に最適な関係を見つけるのが一般的かもしれません。しかし日本で当たり前のこういった態度を海外企業との間でとると、「ズルい」と思われる可能性もありますし、そんな悠長な時間はありません。

単刀直入にビジネスの話をするために必須なのがこの提案書です。では、何を書き込めばいいのでしょうか。具体的には、先に製品説明で作った1～5に加えて6～10で以下のような項目を付け加えましょう。

1～5はエンドユーザーに見せるための資料です。それに対して6～10は販売代理店（ディストリビューター、セールスレップ）だけが見る資料です。

【エンドユーザー向け】

1. 市場の概況
2. 市場に出ている競合製品の問題点
3. 自社製品がどういった形でその問題点を解決できるか
4. 自社製品の詳細・シリーズ説明
5. 自社製品の実績・活用分野等

【販売代理店向け】

6. 想定されるエンドユーザー候補
7. 通常の場合のエンドユーザーへの売り込み手順
8. 販売代理店（ディストリビューター、セールスレップ）の役割
9. 販売代理店になることのメリット
10. その他、販促資料等

ここから、それぞれについて説明しましょう。

■想定されるエンドユーザー候補

販売代理店（ディストリビューター、セールスレップ）に売り込んでほしいエンドユーザー候補（または販売先候補）を書きます。産業材なら「自動車メーカー：具体的にはA社、B社、C社」というように記します。消費財ならば「子供用玩具のチェーン店：D社、E社、F社」といった感じです。日本の経験も踏まえて、なるべく多くのエンドユーザー候補を列挙しましょう。その中で販売代理店が売り込めそうな先を見つけることができれば俄然やる気がわいてきます。またどういったところに売り込みにいけ

ばよいのかというヒントにもなります。

∷エンドユーザーへの売り込み手順

シンプルな例をあげれば以下のような形です。

1. セールスまたはＨＰで引き合いを受ける
2. 電話での応対、必要ならばカタログ発送
3. 電話でのフォローアップ
4. 訪問ミーティング、相手の要望の確認
5. 日本本社への見積もり依頼
6. 日本本社からの見積もりを先方に送付
7. 訪問ミーティングまたは電話でのフォローアップ
8. 受注
9. 納入
10. 代金回収の確認
11. 定期的なアフターケア

■ 販売代理店に求める役割

販売代理店（セールスレップ、ディストリビューター）にどういった役割を果たしてほしいかを明確に書きましょう。以下はその一例です。

- 特定業界にセールス活動をしてほしい
- 現地で問い合わせの対応をしてほしい
- 機器の設置もしてほしい
- 定期的な検査や保守管理をしてほしい
- 修理をしてほしい
- 少量の交換部品を在庫としてもってほしい

こういった要望は、言い換えれば、自社でどこまでできるかという問題にもなります。

たとえば、お隣の韓国に太陽光発電施設の出力を測るセンサーを売り込むとします。韓国は外国といっても近くて日本語ができる人も多いですから、販売代理店に期待する役割は特殊な参入障壁をもつ業界への売り込みだけかもしれません。売り込み先が決ま

「ディストリビューターをまだ募集しています」と、そのメリットと共に訴えるポスター

れば、設置やアフターケアは日本から行ってもできるだろうからです。セールスレップの形態で十分でしょう。

ところが、インドの販売代理店に対しては、売り込みや設置まで任せたいと思うかもしれません。インドまで行って設置を行うのは中小企業にとって負担だからです。もし故障が起こったら修理は日本から行くから、それ以外はやってくれという要望になるかもしれません。

これがアメリカやヨーロッパなどさらに遠くなると、時差もあるため実際行くとなると決心が必要です。できれば、売り込み、設置から保守・メンテナンスまですべて現地の販売代理店に任せたいと思うでしょう。場合によっては、交換部品の在庫ももってもらう必要があり、その場合はディストリビューターとなります。

このように、国によって販売代理店（ディストリビューター、セールスレップ）に求める役割は変わってきます。先に述べたとおり、これは**自社の人材・体制がどこまで整っているかということの裏返し**でもあります。自社の経営資源を棚卸しする意味でも、役割分担をはっきりさせるべきです。

■販売代理店側のメリット

セールスレップに任命する場合は、独占権のある地域・国、およびコミッション率（通常5～20％の間）を記入します。ディストリビューターの場合は、ディストリビューター価格と希望小売価格を記します。その差が彼らの予想利益になるので、それを明示してあげるのです。でないと、収益の見当がつきません。

また産業材で販売代理店に修理・メンテナンスも頼みたいのであれば、その費用をエンドユーザーに直接請求してよいのか、またはメーカー側が負担するのであれば、どれぐらいの費用を支払うのか、といったことも記載します。

それに加えて、「x国に工場をもっている日系メーカーにコネクションができる」や「y業界へ参入することが可能になる」といった考えられるメリットをあげます。

ほかにも、販売代理店がセールスに使えそうな販促市場情報があれば記します。これについては後述します。

資料準備のポイントは、分かる人にだけ分かる技術資料だけではダメだということです。業界や技術に精通していない人にもその製品のよさが伝わること。そして販売代理店（ディストリビューター、セールスレップ）を求めるなら、彼らの役割とメリットもきちんと書いてあるものを渡すことが大事です。それは、メーカーにしか書けないことだからです。

第4章のまとめ

■ひとめ見て製品の魅力が伝わらないカタログは意味がない！

■カタログの英語は、日本語からきちんと作り直して、プロに翻訳してもらおう。

■カタログに必要な5つの要素（市場の概要、競合製品の問題点、自社製品がその問題をどのように解決できるか、自社製品の詳細説明、自社製品の実績と活用分野）を必ず盛り込もう。

■提案書には、右の5つの要素にさらに5つの要素（想定されるエンドユーザー層、通常の売り込み手順、パートナーに求める役割、パートナーになるメリットその他販促資料）を加えよう。

第 5 章

契約は必ず結び、規制・認証や法的問題には随時対応を!

契約内容は口約束でなく書面にしよう

興味を示してくれた販売代理店（ディストリビューター、セールスレップ）に製品を扱ってもらうにあたっては、契約書を交わしましょう。ディストリビューター契約、またはセールスレップ契約です。

日本企業の一部には、契約書を交わすことにアレルギーがあるようです。海外企業との契約書にサインすること自体を怖がる会社も多いのです。

そして、往々にして次のような提案をします。

「我々は必ず約束を守ります。コミッション（成功報酬）は必ず払います。あなたもウソはつかない人と分かります。ここはセールスレップ契約などと堅苦しいことは言わずに、ジェントルマンズ・アグリーメント（口頭での合意）でいきましょう」

つまり、契約書なしで関係を結ぼうとします。

しかし、これは後々の火種になりかねない問題行動です。結婚と同じで、好きな者同士が一緒になるときはいいのですが、**問題は別れるとき**だからです。

任命した販売代理店（ディストリビューター、セールスレップ）がよく頑張ってくれて、その国で順調に製品が売れると、その販売代理店よりもさらに魅力的な販売パートナーが名乗りをあげてくることがあります。また、仲介業者を通さずにメーカーから直接買いたい、そうでなければ取引しない、という大手企業が現れたりもします。

そういった場合、もしディストリビューター契約またはセールスレップ契約があれば、そこには必ず契約の解除条項がありますから、その解除条項にしたがって粛々《しゅくしゅく》と手続きを踏めば問題ありません。通常は、1年ごとの契約終了期間の3カ月前に通知を出す、といった形です。一定割合でうまく機能しない販売代理店も出てくるので、その入れ替えもスムーズにできます。

しかし、契約書がなかったらどうなるでしょう。その契約を解除する手続きが誰にも分かりません。

販売代理店（ディストリビューター、セールスレップ）側からすれば「数年前までこの国であなたの会社の売上はゼロだったじゃないか。それを今の市場まで育てたのは、我々だ。市場がやっと立ち上がった途端にサヨナラかよ。それはひどいじゃないか」と不満を感じるのも当然です。

ある大手家電メーカーは一時期、全世界に150ほどの販売代理店をもっていました。しかし正式契約を結んでいたのは大都市部の30ほどだけで、あとは契約書がなかったそうです。順調に世界での売上が伸びてきて、各国に販売子会社を設立して直接販売に乗り出そうとしたときに、既存の販売代理店が邪魔になりました。

販売代理店契約を結んでいたところとは解除手続きがスムーズにいったのですが、むしろ結んでいなかったところともめました。結局、1社ずつ相当な手切れ金（！）を支払って関係を解消していったそうです。

このように、**パートナーとの契約で一番大事なのは、この契約はどうやったら解除できるのかという解除条項**です。機能していない販売代理店の契約を解除したいと思うのは当然ですが、うまく機能していても上記のように解除せざるをえない場合があります。そのときに解除手続きがしっかりと明記されている販売代理店契約がないと困った事態に陥るので気をつけましょう。

契約書はみずからの責任を最小化する

そもそも日本人は「契約書」というと「何らかの義務・責任を負わせられる」と考えがちです。それを明確にするのが怖くて契約書なしにしたがるのですが、この捉え方は改めて、**「契約書は、こちらの義務・責任を最小化する」**と考えましょう。自分の義務・責任を記して、それ以外の責任はもてないことを明確にするのです。

そう考えると、**契約書の作成を相手に任せることのリスクもよく分かる**でしょう。英文契約書を作成する費用がもったいないといった理由で、交渉相手に「そちらで契約書を作成してください」とボールを投げれば彼らは彼らの責任を最小化し、こちらの責任を最大化する契約書を作成することが目に見えています。

いざ契約を結ぶ際に、先方に有利な契約書の問題点を明確に指摘できるならよいのですが、ほとんどの中小企業は具体的な数字ばかりに注意が偏りがちです。独占期間やコミッション率といった、分かりやすい数字のことです。

でも、**本当に重要な点は、言葉で表示されている可能性が大ですし、多くは弁護士でもない限り見落としてしまう**でしょう。

ですから、販売代理店とは契約書をきちんと交わすこと、そしてそれは自社が作成したほうがよいということを認識しておいてください。

国際弁護士の効果的な使い方

契約書に対する拒否反応のひとつの理由に、そもそもほとんどの中小企業は弁護士を使ったことがない、という経験の浅さがあるでしょう。まして国際弁護士などというと、とても高いハードルに感じられます。

私が初めて国際弁護士に仕事を依頼したときのことをお話ししましょう。

アメリカで会社を立ち上げたとき、我々がもつ米国特許について相談をしようと、弁護士を探したときのことです。英語に自信がなかったために米国人弁護士に相談しづらく、日本人がいる国際弁護士事務所に相談しました。

ミーティングの日、きりっとした日本人女性弁護士が現れました。しばらく雑談をしたあとで、特許についてこちらの懸念を説明しました。「ご質問の内容は理解しました。私は特許の専門家ではないので、社内の専門家とも相談したいと思います。2週間後に回答させていただいてよろしいでしょうか」とミーティングが終わりました。

2週間後、回答が来ました。「調べたが、よく分からない」という回答でした。驚いたのはその請求金額です。なんと30万円以上もしました。社内の特許の専門弁護士と数時間調査し議論したので、時給300ドル×2名分×5時間とか。「分からない」というたった1行の答えを引き出すために、これだけの金額がかかるのかと本当に驚きました。

特に企業法務の世界は、非常に専門化・分業化されています。ビザ、特許、会社設立、買収、不動産……等とそれぞれ専門家がいます。そんな中で国際弁護士のする仕事は高級な通訳のようになりがちです。日本語で相談を受けて、社内または海外現地の提携パートナーの担当弁護士に相談して、その内容をまた日本語でクライアントに説明するといった役割です。2名に働いてもらう分、どうしても経費が高くついてしまいます。

その高い授業料を払って身につけた、現在の私の弁護士活用法をお教えしましょう。
どうしても弁護士に相談したいことがあった場合、その問題をきれいに整理して15分で説明できるようにします。現地のその分野専門の弁護士とアポイントメントを取ります。ミーティングが始まったら雑談はしません。コーヒー1杯の雑談が数千円に相当するからです。すぐに問題点を15分ほどで説明をして、「この1時間で、あなたの見解を教えてくれ」と言います。弁護士の見解を聞いて、あとはディスカッション。大抵の場合はそれで十分です。通訳を連れて行っても十分に安くできます。

海外との取引を開始するにあたっては契約書を交わしましょう。そして、最終的に契約書に署名する前に必ず弁護士のチェックをいれたほうがよいのですが、上手に使わなければいけません。誰にでもできることまで弁護士に任せると、いくらお金があっても足りません。

余談ですが、ある大手電機メーカーは、中国展開にあたって4つの弁護士事務所を使っているそうです。問題が発生すると、そのうちの2つに意見を聞きます。その2つの弁護士事務所の回答が一致していればアドバイスどおりにします。もし2つの回答が違っていたら、後の2つの弁護士事務所にも意見を聞くそうです。大手だからできることでしょうが、相談する弁護士によって見解が異なるというのもよくあることだ、と覚えておくとよいでしょう。

セールスレップやディストリビューターとの契約で合意すべきこと

それではセールスレップ、ディストリビューターと契約を結ぶ場合、どういった点で合意しなければならないのでしょうか?

∷ セールスレップとの契約

セールスレップの場合、合意しなければならないのは次のような点です。

- 独占地域、国
- 期間
- コミッション料率(売上の一定比率など)

・取扱製品
・解除条項

ほかにもいろいろありますが、少なくともこれらの項目なしにはセールスレップ契約の体をなしません。

ここで注意が必要なのは「独占」という言葉です。

X国にセールスレップを置いたとします。小さな国なので1社だけ。コミッションは15%です。幸い優秀なセールスレップですぐに売り込んでくれました。A社に1000万円を売り込み、150万円を支払いました。B社に2000万円を売り込み、300万円を支払いました。

その後、A社とB社に販売された製品を見た別のC社から、日本メーカーに直接コンタクトしてくることがあります。日本メーカーとしてもすでに2回の経験でやり方が分かっているので、直接見積もりを出して製品を配送したとします。

日本メーカーは、ハタと「独占契約」に思いを巡らせます。

「このC社は確かにX国にある会社だが、この案件はセールスレップがとってきたわけではない。連絡も折衝も配送も何も手伝ってもらっていない。そもそもこの案件があること自体をセールスレップは知らない。とすれば、いくらX国の独占権があるといってもセールスレップにコミッションを支払う必要はないだろう……」

そう結論づけるのです。


しかし、これは完全にアウトです。


そもそも新しい市場の販路開拓というのは大変な作業です。初期の売り込みには膨大なエネルギーが必要です。市場が立ち上がってきて、訪問セールスをしなくても相手からメーカーに電話がかかってくるようになって、それでも（少なくとも契約期間中は）コミッションが支払われることが保証されて初めてセールスレップは元が取れます。

海外、特に欧米のメーカーは、セールスレップというものの存在を認識していますし、その使い方もよく分かっていますから、こういったミスを犯しません。しかし、**初めてセールスレップを使う日本の会社は「独占権といっても……」とついつい甘く考えがち**

なので注意が必要です。

また海外には、代理店法を定めている国もあります。特にセールスレップは小さい会社が多いので、大きなメーカーが初期の販路網構築のためにセールスレップを使って、市場が立ち上がった途端に契約を切るような横暴を許さないよう法律で保護しているのです。**欧米にもありますが、特に中東では注意してください。**

なお、細かい話ですが、地域内にすでにメーカーが直接取引している会社、たとえば日系工場がある場合、その会社をセールスレップ契約の独占地域から除外することもできます。「ハウス・アカウント」といってメーカーの直接取引先になります。契約書に「以下の会社はハウス・アカウントなのでセールスレップは売り込みをしない」といった条項をいれることが可能です。

■ 独占ディストリビューターとの契約

基本的に合意しなければならない点はセールスレップと同じです。

・独占地域、国
・期間
・取扱製品
・解除条項

ただし、コミッション料率はいりません。売上の何%かをコミッション（成功報酬）としてもらうセールスレップと違い、ディストリビューターは自分が買って好きな値段で売るからです。

好きな値段といっても、こちらの希望価格を伝えることは可能です。第2章でも触れましたが、MSRPといって、日本でいう希望小売価格ですね。ただし、これを遵守しなかったことを理由に契約を解除することはできません。ディストリビューターは製品を買って自分のモノにしているわけですから、その製品価格も自分でつけるのは当然の権利だからです。

非独占ディストリビューターとの契約

非独占ディストリビューターを任命する際は、特に販売代理店契約は必要ありません。独占権を渡すわけではないので、地域・期間等の合意の必要がないのです。日本の通常の取引と同じように、引き合いがきて、見積もりを出して、それで売買条件で合意すれば、その都度、売っていけばよいということになります。

ただし、ディストリビューター価格とエンドユーザー価格は提示してあげる必要があります。**引き合いがきた場合、相手がディストリビューターであってもエンドユーザーであっても同じ価格を提示していたら、長期的に誰もディストリビューターから買わなくなってしまいます。**そんな製品をディストリビューターが扱ってくれるわけがありません。きちんと差をつけて、その差額がディストリビューターにマージンとして残るようにしておきましょう。

独占権を与えることに躊躇しすぎるな

このようにセールスレップおよび独占ディストリビューターには地域・期間を区切って独占販売権を与えなければなりませんが、その「独占権を与える」という点に強い拒否反応をもたれる場合があります。

「独占権を与えて、売れなかったらどうするんですか?」と懸念されるのですが、そもそも今、**売上があるわけではない国や地域ならば、ダメ元でやらせてみて損はない**でしょう。こちらから販売代理店になんの権利(保障)も与えておかないで、一生懸命な販売努力だけを期待するというのはムシがよすぎるとも言えます。

契約書に「1年間でxドル以上の売り上げがない場合は、本契約を解除できる権利をもつ」といった条項をいれておけば、販売代理店側は独占権を維持するためにも頑張って売り込もうとしてくれるでしょう。努力のインセンティブになるのです。またそれは、販売代理店が機能しなかった場合のメーカー側の安全弁にもなります。

いずれにしてもこういった契約の知識はあくまで一般的なものです。最終的に契約書に署名する前には、必ず国際弁護士にアドバイスを求めましょう。ただし彼らは契約書を法的な立場からチェックするのであって、ビジネスの内容について判断するのは無理だということも覚えておきましょう。

規制・認証問題に対応する適切なタイミングとは?

海外に輸出する際に気になるのが、現地の規制・認証です。

最初に理解すべきことは、「このデータベースをみれば世界中の規制・認証が一覧できる」という資料は存在しないということです。

一般的によく知られているのは、米国のＵＬ（Underwriters Laboratories／アメリカ保険業者安全試験所）規格や欧州のＣＥ（Communauté (Conformité) Européenne）マーク、中国のＣＣＣ（China Compulsory Certificate system／中国強制認証制度）などですが、規制・認証は国レベルのほかに地方、州、県レベルでも存在する場合があり、すべてを把握するのは不可能です。

では、自社製品を海外に売り込む際に、どうやって必要な規制・認証を調べればよいのでしょうか?

一番簡単な方法は、その国の同業他社の競合製品のカタログを調べることです。

その競合製品が取得している認証がカタログには載っているはずですから、とりあえずはそれを取っておけば安心といえます。

また自社製品を扱いたいという販売代理店（セールスレップ、ディストリビューター）とミーティングすれば、彼らのほうから「こういった認証を取ってくれ」と言われることもあります。

我々が北米の某セールスレップを訪れた際、当然ＵＬを取る必要があるという前提で話をしていると「ＵＬは一般消費者向けの製品だとやかましく言われるけれど、この製品は研究所向けだから、ＵＬは気にしなくていいよ」とアドバイスしてくれたこともあります。類似商品をたくさん扱っているセールスレップやディストリビューターは、規制・認証に対するエンドユーザーの要望もよく知っているのです。

規制・認証は次の３つに大別できます。

- 必ず取らなければならないもの
- 必ずではないが取ったほうが望ましいもの

● 特定の場合のみ必要なもの

詳細は、現地の販売代理店（セールスレップ、ディストリビューター）に聞くとよいでしょう。

日本の中小企業の経営者と話をしていると、次のようにいわれる場合があります。

「海外に売りたいのですが、まだ規制・認証が取れていないので、取得できたら売り出そうと思います」

これは、あまりお勧めできない方策です。

規制・認証の費用はモノにもよりますが、百万円単位の費用がかかる場合もあります。すべてをクリアしていたら時間・費用は相当にかかります。しかも、それで**販売準備ができても需要があるとは限らない**のです。せっかく大金をかけて準備しても需要がなければ泣きっ面に蜂です。

エンドユーザーには必要な規制・認証を取らないと売れませんが、セールスレップ、ディストリビューターであれば「こんな製品があるのだが、扱ってみる気はないか」とアプローチできます。それで**彼らが強い興味をもって、かつ、「この規制・認証は必ず取ってくれ」と言われたモノに関してのみ取得することをお勧め**します。

その間、販売代理店（セールスレップ、ディストリビューター）には待ってもらえばよいのです。3カ月後に認証を取ってもっていけば「おお、本当に認証取ってきたんだな。それならぜひ扱おう」と信頼感も増すというものでしょう。順序を間違えないようにしてください。

PL法も過度の心配は禁物

製造物責任（PL）法について心配される中小企業の方も多いようです。米国のPL法が有名ですが、欧州にも中国にもPL法は存在します。その意味でどこに輸出をするにしても気を付けなければなりませんが、過剰反応気味な印象もあります。

ある弁護士から聞いた話ですが、PL法違反で高額な賠償が科される米国でも、日本の中小企業がPL法で実際に訴えられて損害賠償を支払ったケースは驚くほど少ないそうです。

というのも、まず訴訟で狙われるのは大企業だからです。お金がない中小企業を訴えても弁護士費用ばかりかかって効果が小さいということでしょう。加えて現地に資産がない企業に対しては、日本の裁判所を通して強制執行しなければなりませんから、その手間暇もかかります。結局、現地に資産のない中小企業を訴えるのは、あまり割にあわないという事情があるようです。

もちろん、保険会社に「海外に商品を売りたいので、PL保険をかけたいのですが……」と相談に行けば「ぜひ、そうしたほうがいいですよ。海外の訴訟は怖いですから」と勧めてくれます。決して間違っていませんが、彼らも商売であるということを覚えておきましょう。

PL法は世界各国で違いますが、大きく分けて製造物メーカーのみに責任が生ずる国と、関与した販売会社にも責任が生ずる国があります。中国・米国は後者で、販売会社にも製造物責任が生ずる国に属します。あくまで私がこれまで支援企業と一緒に得た経験からですが、もし有力な販売代理店から「PL保険に入ってください。我々もその保険のカバーされる範囲に入れてください」と言われれば、現実的なリスクがあると判断してPL保険に入るという認識ぐらいでよいのではないかと思います。

まだどのぐらい売れるかも分からないうちに、海外のPL保険に入ることはお勧めしません。保険会社はまだ売上がたっていないのをいいことに当然多めに売れると想定して、保険料が異常に高くなるからです。中国や韓国の企業が欧米に輸出しているものがすべてPL保険に入っているかというとそうでもないでしょう。

また日本の中小企業の製品でも、気づかないうちに輸出されているケースは多々あります。PL訴訟が頻繁に起こっていれば、そういった場合でも訴訟を起こされることになります。しかし実際、身近な中小企業で海外からPL訴訟を起こされたという話はあまり聞いたことがないのではないでしょうか。つまり、報道のイメージほど頻繁に起こってはいないのだ、と私の経験では思います。

海外販売に不安は付きもの。現実的な対応を!

前述のPL保険の問題もそうですが、海外にモノを売り込む際には、さまざまな不安が頭をよぎります。期待も大きければ不安も大きいのです。しかも勝手が分からない海外のことですから、社内のほかの人たちも興味津々でいろんな意見を言ってきます。

当然ながら、海外に自社製品を売り出したい中小企業は、その売上が次のように急増することを期待しています。

0→1→10→100→1000→10000……

こんなふうに売上が増えたら理想的ですね。

でも、目下のところ海外売上がゼロで、それをどうやって1にするか、10にするかを考えるべき時点から「1000になったらこういった問題が発生しないか、10000になったらあんな問題も発生するんじゃないか」といった議論が社内で発生することが往々にしてあります。そうなるともう収拾がつかなくなって、決断できなくなります。空想上のことですから、どんな極端な想定もできますし、「そうなったら責任とれるのか?」と言われて「ハイ」と即答できる人などいないからです。

もし**海外の売上がゼロならば、それをどうやって1にするか、10にするかに集中しましょう**。そうすれば、PL法の問題は大きな課題になってこないはずです。実際に10になったら、100になったときに発生しうる問題が具体的に見えてきます。

100ぐらいになれば、PL保険に入るべきか保険会社に相談してもよいでしょう。すでに具体的な売上数字がありますから相談しやすく、保険料も実態に即して異常に高くなるということもないでしょう。

海外売上ゼロのときから、「もし海外売上が1000になったら現在の工場設備では追いつかないな、どうしたらいいいんだ？」と悩んでも仕方がありません。

そんな極端な心配をする人がいるのか……と思われるかもしれませんが、これと似た心配をしている中小企業の経営者はかなり多いのです。空想上の心配をいたずらにしても仕方がありません。PL法の問題も同じです。ある程度売れて初めて一定割合で事故も起こるわけですから、1個も売れないうちから心配して海外販売を諦めてしまうのは馬鹿げています。

column

泥縄方式がいいこともある

日本企業は往々にして真面目すぎるところがあります。規制・認証もそうですが、100%以上の準備が万全に整わないと世に出してはならないと思っているようです。

しかし、私は製品が8割がたできたら、試作段階でもセールスレップやディストリビューターにぶつけて意見を聞いてみるようお勧めしています。そもそも需要のない製品であればその時点で分かりますし、需要があっても細部の詳細変更ができる状況で一度、販売側の意見を聞いて損はありません。

試作段階で社外に見せるとアイデアを盗まれる可能性があると心配されるのですが、もし盗まれるような製品であればそれは大成功です。ほとんどのケース（新製品）は、まったく売れずに、世の中に認知されることなく旬の時期を過ぎてしまいます。

海外の電子計測機器の会社で、数千万円もする新製品でまだ試作品段階でありながら、堂々とカタログに出して50台もの予約注文をとって大きく発展した会社がります。注文がきたら「希望の納期では無理です」と淡々と答えていたそうです。結果、2年半もの待ち時間があったそうですが、その会社しかできない計測器だったので、みんなおとなしく待って買ってくれたそうです。

その会社にしてみれば、すでに顧客が判明しており予約がきているのですから、規制・認証等の細部の詰めに安心してお金を投入できます。それこそが他社が容易にまねのできない独自技術をもつ会社の特権です。そういった特権（独自技術）をもっている日本の中小企業は多いのですから、そこをもっと賢く活かすべきではないかと思っています。

状況と実績に応じてコストを追加的にかけていく形でないと、中小企業の海外展開には資金的に無理がきます。だからこそ、売り手側に一度見せてみて、本当に売れそうだと確認できてから認証手続きを始めるという泥縄方式をお勧めしています。

第5章のまとめ

■契約書は自分のリスクを最小化するものと心得て、パートナーとは必ず契約書を交わそう。

■契約書の署名前には必ず国際弁護士の意見を聞こう。ただし、聞くときは効率的にコストを抑えられるよう心がけよう。

■パートナーの〝独占権〟を甘く見てはいけない。

■国ごとの規制・認証は「製品の需要があれば必要に応じて対応する」姿勢をもつ。

■PL法についてもパートナーとなる販売代理店の意見を聞きながら、保険に入るなど対応しよう。

第 6 章

海外パートナーとウィン＝ウィンの関係を作るコツ

パートナーとは最初の1年で良好な関係を築こう

海外の販売代理店（セールスレップ、ディストリビューター）と正式な契約を結んで提携関係ができたとしましょう。あとは、じっと待っているだけでよいのでしょうか？

残念ながら、それではうまくいきません。

特に、販売代理店契約を結んでから最初の1年間は、重要な関係構築の時期だと認識してください。**最初は販売代理店もやる気がありますので、その間に成功体験を積んでもらい自律的に営業できるように育成しましょう。**彼らのモチベーションを上げるために、いくつかの簡単かつ効果的な仕掛けを紹介していきます。

∷ 販売代理店（セールスレップ、ディストリビューター）向けの任命書

まず簡単なことですが販売代理店に「任命書（図7）」を送ってあげましょう。「X社

図7　販売代理店への任命書の一例

Certificate of Distributorship 2012
We of Inc., Manufacturer of
and Products
do hereby certify that ,
located at:
is an authorized distributor of Inc.
Issue Date: June 19th, 2012
Certificate No. D 12017
, CEO

（あなたの会社）はY社（販売代理店）をZ国における2015~2016年のオフィシャル・ディストリビューターとして任命する」といった任命書です。彼らはそれをオフィスの目立つ場所に飾ります。

また顧客訪問のときには、そのコピーを書類に入れることができます。訪問先では「ご覧のように、我々はX社のオフィシャルな独占ディストリビューター（セールスレップ）です。X社とは正式契約を結んでおり、この地域で彼らの製品は我々を通してしか購入することができません」というセールストークを最初か最後にするでしょう。

任命書は彼ら自身のやる気アップにもつながりますし、顧客からの信頼を得るという意味でも重要なツールになります。たった1枚の紙でできるのですから、ぜひ用意してあげてください。

∷販売代理店専用の販促資料

できれば、カタログのほかに販売代理店向けの販売促進資料を用意しましょう。カタログしかもたせないとなると、子供の使いみたいになってしまいます。

たとえば、ユーザー候補に渡すことはできないが見せることはできるDVDであるとか、採用してくれた有名企業など、印刷するのは難しいが口頭では伝えてよい情報といったことです。今まで見つかった課題やそれをどう解決したかという経験でもよいでしょう。ユーザーの種類別に効果的なセールストークをまとめた資料もよいでしょう。

これも日本の社内にいて先輩と一緒にセールスにいけば、自然と覚えることかもしれません。しかし海外代理店とはそんな機会もなかなかありませんから、**日本の社内では当然とされるセールストークを資料として作成して渡す**必要があるのです。カタログと一緒で、社内で共有している知識を分かりやすく言語化してください。

セールスマンは誰しも、自分だけの情報をもってユーザー候補と会いたいものです。そうすることによってその人に価値が生まれるからです。カタログに載っているのと同じような情報をオウム返しに伝えるだけでは、ユーザーの信頼も得られません。そういった販売代理店のセールスマンの気持ちを考えてあげましょう。

1冊のバインダーを想像してください。

表紙には、ディストリビューターまたはセールスレップとしての任命書が貼ってあります。最初の半分には製品カタログや使用説明書など、エンドユーザーにも見せられる公開資料が入っています。後半は、販売代理店だけが見ることのできる資料です。上記のセールストークやちょっと一般公開はしたくないけれど、真剣な顧客には明かしてよい秘密の情報、ディストリビューター価格や希望卸売（小売）価格などが入っているものです。

図8｜販売代理店用販促キットの一例

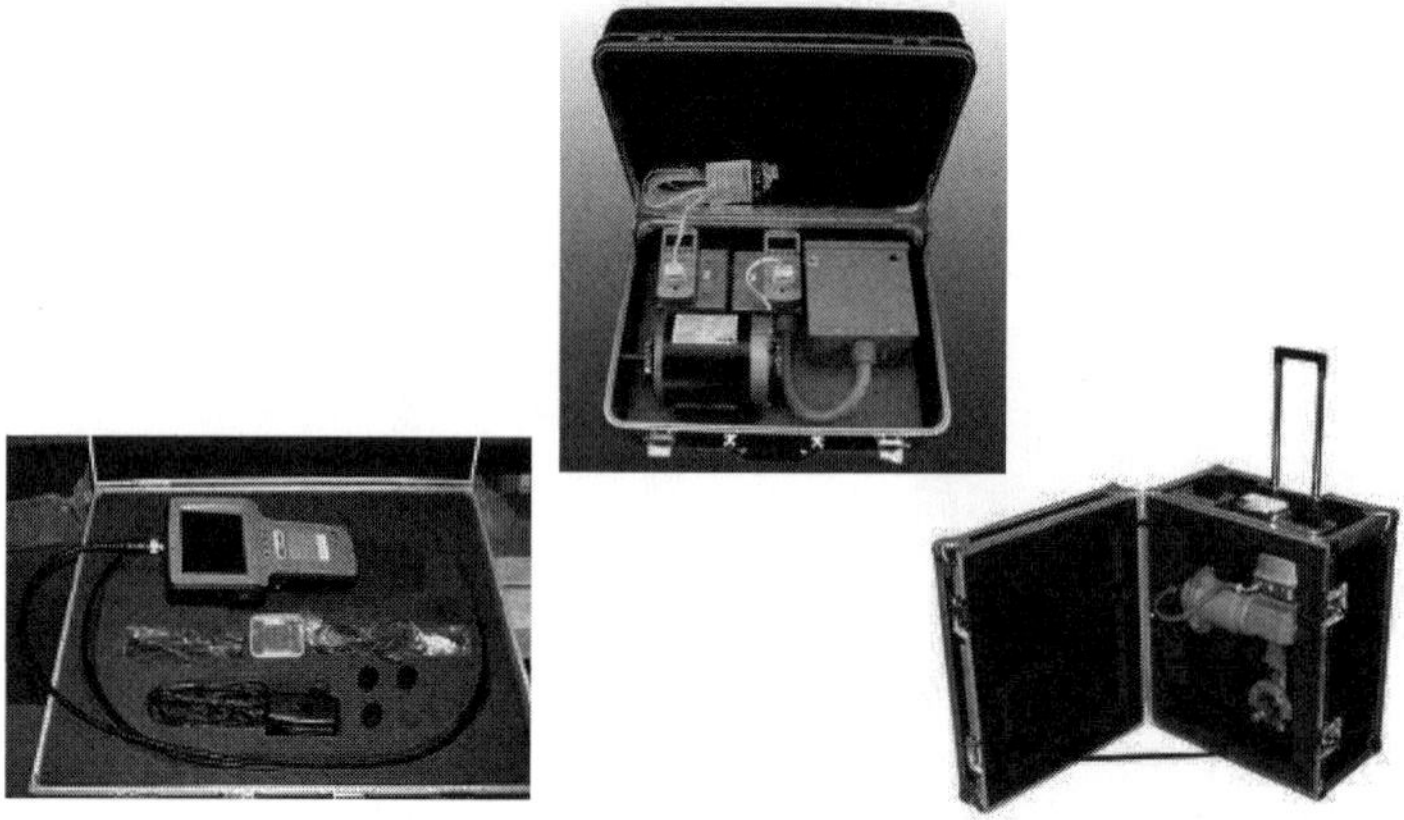

こういったバインダーを作って、販売代理店のセールスマンの人数分を作ってもたせてあげるのが理想でしょう。

「そんなバインダーは販売代理店が作ればいいじゃないか」と思われるかもしれませんが、認識を改めてください。繰り返しになりますが、**核になる情報はメーカーにしか作ることができない**からです。そして一度フォーマットを作れば、海外でも日本でも使えます。

さらにいえば、販売代理店向けの販促キット（**図8**）のようなものがあれば、なおよいでしょう。ある会社はスーツケースの中にサンプル製品のセットを詰めて渡しています。販売代理店のセールスマンはそのスーツケースをもってでかけ、商談先で中を開けてひと

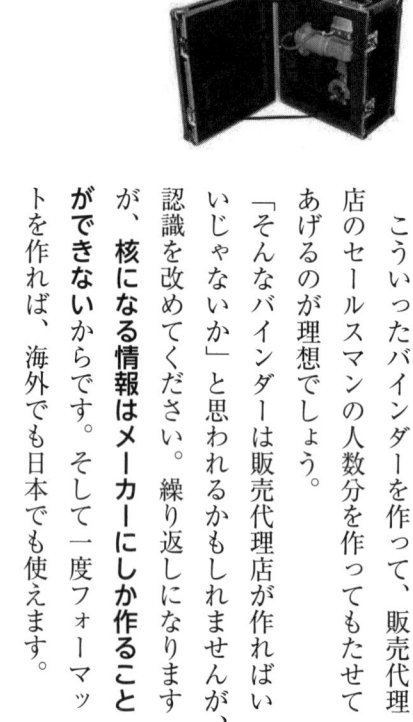

つひとつの製品を説明していくというわけです。とてもプロフェッショナルなセールスの光景が浮かんできますね。

日本であれば、メーカーとユーザーの距離が近いので、「今度、近くに来たら寄ってください。新製品をお見せしますから」と言えるものが、海外（米国・中国・欧州）では遠くてそうもいきません。ですから、こういったサンプルを見せられる販促キットも重要になるのです。

ダイレクトメールでの紹介

販売代理店（ディストリビューター、セールスレップ）ができたら、その地域の重要顧客に対して、メーカーからダイレクトメール（DM）を出すのもよい方法です。
「私どもは、日本のX社と申します。添付カタログのような製品を製造販売しております。この度、この地域の弊社のオフィシャル・ディストリビューター（セールスレップ）としてY社を任命しました。もしご興味があればY社のA氏までご連絡ください」といった内容です。

実際にメーカーから紹介することによって彼らの重要感が高まります。DMだけ用意すれば、ディストリビューター、セールスレップがもっているリストへの郵送や配信は彼らがしてくれる場合もあります。

ジョイントコールでもうひと押し

販売代理店が有望顧客を見つけて何回かミーティングをしても、なかなか受注にいたらないことがあります。

その場合には、ジョイントコールという方法があります。

「来月、ドイツに行きます。3日間いるので重要顧客を一緒に回りましょう」と販売代理店に提案するのです。もうひと押しの重要顧客に対しては、販売代理店から「来月、日本のメーカーから担当者がこちらにきます。ついては一緒に訪問したいのですが」とあらかじめアポイントメントを取ってもらって一緒に訪問しましょう。

購入をためらっている顧客にとって、販売代理店でなく直接メーカーと話せるというのは最終決断のよいきっかけになります。

また**販売代理店にとっても、メーカー（＋通訳）と顧客とのやり取りを見ていると気づきがあります。**「自分はここのところが分かっていなかったんだ」とか「顧客が心配して確認したかったのはこの点だったんだ」といったことです。それが販売代理店にとって何よりの教育になるのです。

∷ 展示会での共同販売

販売代理店（ディストリビューター、セールスレップ）への教育の効果的な方法として現地展示会への共同出展があります。

某機械工具メーカーがタイにディストリビューターを設置したときのことです。ディストリビューターが機械の展示会に出展するというので、我々のための机をひとつ用意してもらって社長と一緒に売り込みに行きました。

初日は、そのディストリビューターのスタッフも我々に近寄ろうとしないなど明らかに見えない壁がありましたが、2日目になると一緒に売ってくれるようになりました。3日目、4日目になると自発的に我々の製品を売り始めます。身振り手振りでなかなかの接客ぶりです。タイ語なので話の内容は分かりませんが、興味を示してくれた顧客と長々やり取りしており、我々よりも商品説明が上手になっているようです。

打ち解けてから彼らに話を聞いてみると「この商品が販売品目に入っていることは知っていたが、実際のところ、どういったモノかよく分かっていなかった。今回一緒に展示会で売ってみて、本当に製品のことがよく分かった。もう大丈夫だ」と笑って答えてくれました。

このように**展示会に出て一緒に販売努力をするというのは、販売代理店スタッフへの最上の教育**になります。

販売代理店を使い慣れている欧米の企業は、常にこういった努力をしています。彼らはまず年1回、この展示会には必ず出すと決めています。たとえば米国ラスベガスで開かれる大きな展示会です。それで米国に配置しているセールスレップすべてに応援にきてもらうのです。

昼間の展示会中は顧客対応をします。カリフォルニアからきたお客様には西海岸をカバーするセールスレップが対応します。ボストンからきたお客様には、東海岸担当が付きます。そうすれば、展示会後のフォローアップもスムーズに続けることができるからです。

そして夜は、みなでミーティングを開くのです。昨年度の売上、今年度の売上目標、新製品のよかった点、悪かった点。セールスレップは各社の販売地域が決まっていますから、お互いに情報交換することにそれほど抵抗がありません。

また、**ひとつの地域の売上が上がってくると、不思議とほかの地域でも売上が上がってくる**ものです。そういう意味でこういったミーティングでお互い情報交換することは有意義なのです。メーカーから「現在、こういった新製品を開発中なのだが、みんなはどう思うか?」と聞くこともできます。

最後の日のミーティングでは「展示会ご苦労様でした。来年も頑張ってください。ここはラスベガスですから今夜は遊んで帰ってください」と打ち上げのカンパに1人300ドルも渡して解散です。こういった交流を年に1回やるのとやらないのとではやはり違います。しかし、こうした信頼関係作りに努力する日本企業は案外ないようです。中小企業には難しいかもしれませんが、将来的なイメージとしてもっておくべきです。

サンキューレターや表彰状の威力も大きい

販売代理店が初めての受注に成功したら、簡単なメールでよいのでその販売代理店に謝意を表しましょう。たとえば次のような文面です。

「この度、インドのX社から受注しました。サンプル注文ですが、我々にとってインドからの初めての受注であり、大きな一歩だと思っております。これもあなたの会社のおかげだと感謝しております。今後ともよろしくお願いします」

さらに、年間で一定数量以上を売り上げた販売代理店には表彰状（**図9**）を送ってあげましょう。彼らはそれをオフィスに飾ります。来た人にそれを見せて、自分たちがいかに優秀な販売代理店であるかを語り、日本メーカーからもこんなに感謝されていると、自慢するでしょう。それで、来年も表彰されるように頑張ろうと思うのです。

図9｜販売代理店への表彰状の一例

最優秀な販売代理店には、その経営者夫婦を日本に招待するのも一計です。工場に迎えてみなで拍手してあげて、温泉や富士山を一緒に見に行ってもよいでしょう。

先日も、海外の販売代理店で日本好きの方がいたので「日本についてお詳しいですね」と声をかけました。すると、「実は以前、大手カメラメーカーX社の販売代理店をしていて、全世界のトップ10の販売代理店として日本に招待されたことがあるんだ。東京から富士山、京都を1週間で回ったが、素晴らしい国だと思ったよ」と、思い出を語ってくれました。

金銭的なインセンティブももちろん重要ですが、〝感謝されている〟という実感が彼らのやる気を引き出すことも間違いない事実です。そうしたコミュニケーションに国境はないのです。

第6章のまとめ

■ パートナーとの良好な関係作りは最初の1年が勝負。
■ 彼らのモチベーションを上げるために、任命書の送付、販売代理店向けの販促資料作成、ジョイントコール（有望顧客に対してメーカーが同行営業すること）、展示会の共同出展などが有効。
■ 実績が上がれば、金銭的なインセンティブだけでなく、サンキューレターや表彰状、慰労旅行など「感謝」を示すツールは重要だ。

第 7 章

英語の必要性に応じて社内体制を整えよう

英語がマスターできてから……という考えは捨てよう

海外に販売しようとするときに、まず中小企業のみなさんが心配されるのは英語の問題です。社内に英語が堪能な社員がいない、とおっしゃるのです。さて、どのような対応が適当なのでしょうか。

ご存じのとおり、語学の習得は簡単ではありません。

まず外国語として習得した言語（英語）レベルというのは、「話せる」か「話せない」かなど実力レベルが歴然としているものでもありません。人によってそのレベルはまちまちです。

「英語圏では幼稚園児でも英語を話しているんだから、2年も滞在すればペラペラになるよ」とよく言われますが、自身の経験から考えても容易ではありません。特に20歳を超えてから海外に住んでも、ネイティブ並みのペラペラには決してなりません。地道に勉強を継続して、徐々にレベルを上げていくほかはないのです。

私自身で考えても、英語力には非常にムラがあります。

たとえば英語のテレビ番組を見て、内容をほぼ理解できる場合もあれば、半分ぐらいしか理解できない場合もあります。英語を読めるとはいっても、簡単に読める文章と非常に難しく感じる文章があります。また、話すのも流暢とはいかず、ゆっくりと相手が理解していることを確認しつつ商談をします。いまだに苦労しているのです。

ですが、おそらく私の経歴だけを先に聞けば、その実力より力があると勘違いされるのではないでしょうか。

私は米国に大学院2年間を含む14年間住んだ経験があり、ＴＯＥＩＣは大学院卒業時で９５０点でした。仕事では、会社設立からオフィス設置、人の採用、販売先候補の開拓まですべて行いました。もちろん、英語です。これだけ聞くと、帰国子女は別にして、おそらく普通の日本人としては相当に英語ができるほうに分類されるでしょう。

ですから、外部から人を採用する際も、**その経歴やちょっと話した様子だけからビジネスに通用する真の実力を見抜くのは至難の業です。** 社内の人材に英語を学ばせるのもまた、相応の時間がかかるでしょう。

つまり、今は英語が話せないから、**英語がマスターできたら海外販売に乗り出そう！などと思っていると、いつまでたっても海外への売り込みなどできません。**

私が**お勧めするのは、1分間程度の自己紹介と製品紹介の英文の丸暗記**です。実際の商談は通訳を介すとしても、初めから終わりまで通訳頼みでは味気なさすぎます。最初の自己紹介ぐらいはできるようにしておきましょう。そうすれば、商談相手にも自分の人となりや正直な雰囲気を感じてもらうことができます。そんなちょっとした努力が販売代理店との交渉では意外と大事なのです。最後に「以上が、私の自己紹介です。英語が堪能ではないので、ここからは通訳を介して話をさせてください」といえば、相手もニッコリ笑って理解してくれるでしょう。

蛇足ながら、英語の勉強を継続する場合、発音の違いなどの細かいことは気にせずに、なるべく商談で使えそうな自分・会社・製品の説明文を覚えることに専念しましょう。日本語英語で十分です。日本人のほとんどはRとLの発音の違いで英語が通じないのではありません。そもそも伝えたいことの文頭の言葉が出てこないのです。「I」で始めたらいいのか、「Our Company」で始めたらよいのか等、冒頭で引っかかって言葉が出てこないという状態です。まずは話し始めるときの単語が出てくるようにしましょう。

1分間の自己紹介に付け足す形で、製品説明や会社説明といった商談で使えそうなパターン化した文言を徐々に増やしていきましょう。それを音読していつでも暗唱できるようにしておけば十分役に立ちます。

ビジネスに通用する英語力は測りづらい

英語を話せる社員がいないからと新しい人材の採用を考えるわけですが、先ほども述べたとおり、その経験と実力の見極めは本当に難しいものです。経験がないのに「経験がある」と自称する人の実力を推し測ることは非常に困難です。

今まで多くの日本人の海外担当者と一緒に海外出張に出かけましたが、残念ながら英語についてパーフェクトな人はめったに存在しません。製品説明はペラペラだけれどもパターンからはずれると話せなくなる人。読み書きはできるけれど、話すのは不得手な人。逆に、一見流暢な会話ができるのに、文章はまったく書けない人……など、本当にいろいろな人がいます。

しかし現地でレンタカーを運転し、レストランでオーダーして簡単なジョークでも言えれば十分に「現地でセールスできる」「英語がしゃべれる」「冗談まで言える」ように見えてしまうものなのです。

〝元海外駐在員〟という看板にもだまされてはいけません。いまやほとんどの国で、英語が話せなくても生活できます。仕事は現地日系企業の日本人スタッフとゴルフをすることだった、という例も多いのです。もちろん定型的な英語はすぐに覚えられますから、暮らすことこそ不自由なくできるようになるでしょうが、その経験で新規販路開拓や英語での折衝ができるかどうかは別問題です。

面接の際は「海外駐在経験10年です」といった**経歴だけに頼らずに、客観的な語学の資格の提出を求めましょう**。資格は資格でしかなく、実力を測る精度は不十分ですが、何もないよりはマシです。もし資格がないのであれば、テストとして簡単な英文メールを書いてもらうようなことでもよいでしょう。もちろん、販路開拓をしてもらう場合は具体的に何ができるのかを聞いておきましょう。

アジアからの留学生の英語力を過大評価しない

近年はアジアから研修生・留学生も多く日本に来ています。彼らを海外担当として採用する中小企業も多いようです。母国語と日本語のほかに英語が話せる場合も多く、また費用的にも日本の中高年を雇うより若いぶん安いのが一般的です。

そういったアジア人スタッフから、そっと愚痴をこぼされることがあります。ある中国人女性は、こうこぼしていました。

「会社で契約書を英訳してくれ、と簡単に言われるんですけど、私にとっては日本語も英語もどちらも外国語なんです。契約書の言葉は母国語でも難しいでしょう。それを翻訳するのは大変です。でも社長には言えませんから。私のビザを取ってもらっていますから、できないとは言えません。だから実際のところ自信がないまま適当に訳しています」

問題は、こういった翻訳を社内のほかの誰かが指摘できないことです。

また**アジア人のスタッフを雇う場合の注意として、ビザの問題**があります。

日本の滞在ビザも問題ですが、海外で展示会があって彼らを通訳として派遣しようとすると、その国で一時滞在のビザを取るのが大変だったりします。日本人の場合は世界中のほとんどの国にビザなしで行けるので見落としがちですが、そういった**発展途上国生まれの方が海外に行くことは非常に難しい場合がある**ということも覚えておくとよいでしょう。

翻訳で信頼できるのは「外国語→母国語」の場合

ここで翻訳について少し書いておきましょう。

翻訳は、英語が得意な人にとっても、「英語→日本語」と「日本語→英語」ではまったく難易度が違います。基本的に**翻訳は外国語から母国語にすべきもの**なのです。つまり、日本人であれば、英語の資料を日本語に翻訳することは比較的ラクです。英語の雑誌記事を日本語に訳せる人を見つけることは難しくないでしょう。

しかし、だからといって同じレベルで日本語の雑誌記事を英語に翻訳できるかというと、これは無理です。せいぜい30~50%ぐらいではないでしょうか。

このあたりの機微《きび》は分かりにくいかもしれません。

英語→日本語の翻訳ができるから、逆も当然できるだろうと考えて、会社の日本語パンフレットや資料の英訳をその人に任せたりします。結果的に、印刷された資料の英語があまりにひどいにもかかわらず、その会社の人は誰もそれを知らないということがよくあります。

先の中国人女性の場合、日本語↓中国語の翻訳であれば安心して任せられるでしょう。中国語↓日本語の場合は、日本語がおかしいとすぐに社内で分かりますからチェックがききます。しかし、日本語↓英語の翻訳の場合については、本人に自信がなくても誰もチェックできないという状況なのです。

海外にいって日本食レストランの入り口に「とても、おいしい日本がレストランです」といったヘンテコな張り紙がはってあることがありますが、日本人なら誰もそこで本物の和食が食べられるとは思わないでしょう。しかし、そのレベルの英文パンフレットを堂々と配っている会社は多いのです。

日常の英文メール程度はともかく、永続的に使うパンフレット等は必ず英語が母国語の人のチェックを入れてください。一時期、「日本の会社の変な英語」という海外サイトがあったぐらいですから、そういう点で笑われないようにしましょう。

プロジェクト型で外部人材を活用しよう

すでに素晴らしい社員がいるなら別ですが、もし**人材が足りない状態であれば、採用は拙速に行うべきではない**と思っています。

現在、海外の市場調査や販路開拓についてはジェトロや中小企業基盤整備機構、地域の銀行や商工会議所や産業振興の財団等などからさまざまな支援があります。商社、貿易実務支援会社、翻訳会社、英文メール翻訳サービス会社なども存在します。契約書を見てくれる弁護士や海外に強い税理士、公認会計士もいます。手前味噌ですが、我々のような海外販路専門のコンサルティングや商社もあります。料金も無料から高額なものまでさまざまです。

まずは、そのような会社や団体に相談されるとよいと思います。右肩上がりの時代は、人を採用することに意義がありました。専門分野をもった人を採用して、その専門分野が必要なくなっても、ほかの仕事があったからです。

しかし、現在は違います。専門分野がなくなったら、その人の存在価値が会社でなくなってしまう可能性が大きいでしょう。現在のような**将来が見えない時代は外部の助けを借りた期間限定のプロジェクトチームを作るほうがよい**のです。

そういったプロジェクト構築をしていく中で、本当によい出会いがあって、社員として登用する話に発展するかもしれません。またプロジェクトである程度の海外販売が始まった段階で、必要な人材が明確になるのでそれを見て採用するほうが確実です。

実際のところ、第3章で紹介したように従業員5名のうち片言の英語を話せるのは社長と副社長だけという会社であっても、世界各国にディストリビューターをもって販売している実例（87ページコラム）があるのです。それは我々のような外部支援機能を活用することによって、輸出がパターン化した流れになったからです。

販売代理店網を築く手順で英語力が必要なのは一部だけ

中小企業で英語が話せる社員がいなくても、製品の輸出がパターン化した流れになれば、その後は片言のパターン化した英語で十分なのです。前述のとおり、販売プロセスができた上で商社に入ってもらえればそのパターン化した英語さえ必要でなくなります。

つまり、**課題となるのは、どうやって輸出業務をパターン化した体制にまでもっていくか**、です。この点について検証していきましょう。

ここまで説明した販売代理店（ディストリビューター、セールスレップ）網の構築は、大雑把にいって以下のような流れで進めていくことになります。**段階ごとに必要な英語力は異なりますから、それに応じて外部の力を借りるとよい**でしょう。

―事前の資料準備段階（1〜4カ月目）

1．海外販売に向けた社内の議論・意思決定

（海外の売りたい地域、販売代理店の種類等の決定）
2．外部の非専門家にも分かりやすい製品カタログの作成（日本語）
3．販売代理店向け提案書の作成（日本語）
4．それらの翻訳（日本語から、英語など現地語へ）

この段階においては、それほど高度な語学能力や販路開拓の専門知識を必要としません。社内で今後の海外販売について討議しましょう。そして新鮮な目であなたの会社の製品・技術のよさを理解してくれるコミュニケーション能力の高い人をチームにいれて、世界に通じる分かりやすい資料を日本語で作りましょう。それを英語か現地語に直してくれる翻訳は必要ですが、それは外注でも十分でしょう。

Ⅱ　販路網開拓段階（5～12カ月目）

5．市場調査、販売代理店（ディストリビューター、セールスレップ）候補のリストアップ
6．販売代理店候補へのアプローチとフォローアップ
7．販売代理店候補への訪問、または現地展示会でのミーティング

8．販売代理店候補との契約交渉
9．（合意すれば）販売代理店とのパートナーシップ契約締結

この段階になると、外部専門家の支援が必要になります。

現在、海外販売・進出については多くのコンサルタントがいるので彼らに意見を聞きましょう。ただしコンサルタントの質もピンキリです。能力の高い人もいれば、残念ながら使い物にならない人もいます。大きなコンサル会社でも、担当者が有能でない場合もあります。料金的にも相当な幅があります。

彼らもクライアントは探していますので、少なくとも初回ミーティングは無料のところが多いですから、2～3社に声をかけて意見・提案をもらいましょう。

こういった外部専門家を選ぶときの注意点は**「人は断言する人を信用しやすい」というトリックに引っかからない**ことです。

「これは絶対に海外で売れます。なぜならば……」などと自信満々で断言する人の催眠術にかからないようにしましょう。新製品が売れるかどうかは、タイミングの問題もあ

り、誠実な人ならば簡単に断言できないはずです。しかし市場の調査、販売代理店の発掘方法や手順は、明確に説明できる人でなければなりません。採用されたら具体的にどうやって明日から業務を進めるつもりなのかを聞いて、納得のいく答えをくれる専門家を選びましょう。

こういった外部の人材を一時的とはいえ社内にいれることに、抵抗を感じる中小企業も多いと思います。しかし**社内ですべての人材をまかなおうとする考えは捨てましょう**。世の中の知識やノウハウは細分化されており、インターネットによってそれぞれの専門家を見つけることも容易になりました。もしその専門家が役に立たなければ契約を解除すればよいのですから、いきなり社員として本採用するよりもはるかにリスクが小さいのです。

また前述したように、ジェトロや中小機構、銀行、商工会議所、産業振興財団等が、相談や専門家派遣を無料・有料でさまざまに行っています。こういったところに問い合わせてみるのもよいでしょう。

よいコンサルタントやアドバイザーが見つかれば、ここまでは販路網の構築を委託してもよいと思いますが、絶対に**ご自身で参画いただきたいのが7の販売代理店候補との面談**です。

その販売代理店候補は、基本的にあなたの会社の製品が専門分野のはずですから、お互いに相通じるものがあるはずです。製品の技術説明などは通訳がいらない場合があります。簡単に紙に図面を描きあうだけでドンドン理解が深まっていくのです。

以前にシカゴの展示会で、水を使って金属棒を切断する装置を売っている日本企業のブースがありました。日本人と米国人のふたりで対応しているのですが、素晴らしくコンビネーションが取れています。感動した私は、日本人の方に自己紹介をして相方について尋ねたところ、その米国人はセールスレップとのことでした。展示会には販売の手伝いにきてくれたそうです。

あまりにも有能なセールスレップだったので「どうやって見つけたんですか？」と尋ねたところ、以下のような答えが返ってきました。

「私は、英語は片言しかしゃべれません。しかし水を使った金属切断に関しては誰にも負けない知識があると自負しています。この機械を米国に売ろうと思ったときに、やはり現地のセールスレップが必要と考えて雑誌で募集しました。興味を示してくれたセールスレップ候補は全部、自分で訪問してミーティングしました。実際に会って、片言の英語でも図を描いたりして説明すると、お互いに相手の実力って分かるものなんです。金属切断について本当に知識があると確信できる2社のセールスレップを選びました。それが2社とも機能しているのです」

英語ができなくても相手の実力が分かった、というところに感動しました。剣豪が相手の構えを見ただけで実力を推し測れるようなものでしょうか。

製品・技術の専門家同士はお互いの実力を正確に測れるものなのです。そこは仲介する通訳や商社やコンサルタントでは介在できない部分です。

メーカーの社長か担当者が必ず販売代理店との面談に立ち会ってほしい理由がここにあります。販売代理店の専門知識・技術の実力を測れるのは、その分野の専門家であるメーカーしかいません。

Ⅲ　販売代理店教育・共同販売段階（13カ月目〜）

10．販売代理店の教育・一緒に売り込み→販売代理店の自立営業へ

11. 販売代理店を通じたエンドユーザーからの発注
12. 販売代理店またはエンドユーザーへの製品発送・代金回収
13. 販売代理店への継続的な動機づけ（共同しての展示会出展など）

この段階になると、自社が必要とする人材の要件が徐々に見えてきます。定期的に販売代理店と一緒に海外エンドユーザーを訪問できる人が必要になれば、若くて体力があり英語を話せる人を採用すべきでしょう。頻繁に海外出張があっても支障がない人です。順調に売上がたって現地セールスに完全に販売代行を任せられる一方で、日本の社内で英語の電話・メールに応対ができる人が必要であれば、そういう人を選べばよいでしょう。海外出張が必要ないとすれば、子供がいて出張に出づらいという実力のある女性にも活躍してもらえます。

Ⅳ　安定段階

14. 輸出業務の確立、または適切な商社に中に入ってもらう

実際に**製品が安定的に輸出されて業務が完全にパターン化されれば、英語が話せる人**

の重要性は低くなっていく場合がほとんどです。英語で見積もりや請求書を出す必要はありますが、定型化した流れですので最初だけ専門家のアドバイスを受ければよいでしょう。代金決済方法は銀行送金のほかにLC開設、クレジットカード、ペイパルなどの方法もあります。販売先が見つかって話が進めば、それぞれの機関で相談してみてください。また信用調査は、帝国データバンク等の日本の調査会社でも海外企業をウォッチしていますので活用できます。

もし前述したように日本の商社が見つかると、基本的に国内取引になるので、貿易実務や英語が話せる人はまったく必要なくなることもあります。

繰り返しになりますが、人の採用は拙速に行わず、まずは外部の支援を活用しながら、それでやってみましょう。**本当に製品が海外に売れる（または売れそうな）ことが確認できて、また必要とする海外担当人材の条件があきらかになった時点で採用**しましょう。少なくとも中小企業にとっては、そのほうがリスクが小さいのです。

まずは1年間頑張ってみよう

前記のような手順を踏み、まずは1年間で販売代理店候補との面談、そして販売代理店契約の折衝まで頑張ってみることをお勧めします。

「販売代理店よりエンドユーザーとの面談のほうがよい」という方もいらっしゃいますが、実際のところ海外で販売実績のない製品に真剣に興味をもつエンドユーザーというのは、簡単に見つかりません。また、**エンドユーザーに見せるとなると製品の完成度を100％近くまで上げなければならず、その費用も軽視できません。**

販売代理店であれば、未完成品でも「こんな製品を開発中だが、完成したら扱ってみる気はあるか？」といったアプローチが可能です。彼らもビジネスチャンスを探しているので、それに反応してくれる可能性も高いのです。

第1章で述べたように販売代理店もメーカーに売れる製品を作ってもらわないと意味

がないので、製品の機能、仕様、色、形などさまざまな注文を付けてきます。それで初めてどんな市場があるかが明確になるのです。また認証が必要かどうかも、彼らの意見を聞けば明らかになります。

今まで数多くの日本メーカーと海外代理店候補との面談に立ち会いましたが、すべてのメーカー担当者が「初めて海外市場の可能性が明確に分かりました」とおっしゃいました。**海外の販売代理店候補にぶつけることによって、自社の製品の成長可能性や問題点が明確になる**わけです。

このミーティングを経て、双方なんの問題もなく販売代理店契約（ディストリビューター契約、セールスレップ契約）に進み、製品が売れ始める場合もあります。また、製品の仕様を変えなければならないとか認証を取らなければならないといった問題点が判明することもあります。

問題点が見つかっても、それは直せばよいのです。もしサイズを変えろと言われれば、半年後にサイズを変えた製品をもってその販売代理店を再訪しましょう。「半年前に来た日本企業さんですね。確かに、その時サイズを変えてくださいと言いました。本当に新しいサイズを作ってくださったのですね」とその時点で信用がぐっと高まります。ぜひ扱いたいということに今度はなるでしょう。

いずれにしても、海外販売代理店候補に自社の製品・技術（それが100％の完成品でなくても）をぶつけてみるというのが最初にすべきことです。そのために、まず1年間でよいですから、先のステップ1～7に集中して頑張ってみましょう。難しく考えないでください。言い換えれば、**自社の製品開発プロセスに海外販売代理店候補との面談を入れるだけ**です。今はやりの「オープン・イノベーション」の一種と考えてもよいでしょう。

私自身、MBAのベンチャー企業講座で、教授から繰り返し言われたことがあります。

「コンピューターの前に座って、事業計画を練るな」

なぜだと思いますか。

「新しい製品ができたら不完全なものでも、すぐに顧客や販売会社にもって行って意見を聞け。自社内で100回会議するよりも、実際の顧客・販売会社の意見のほうがずっと重要かつ参考になる」

本当にそのとおりです。まずその段階までの1年間を頑張りましょう。

コピーを恐れすぎるな。タイ焼きのしっぽはくれてやれ

「外部の人の目にさらすと、その発明やアイデアを盗用する会社が出てくるのではないか」。ある発明セミナーで、そう質問された米国国立発明殿堂（National Inventors Hall of Fame）のエド・ソベイ博士は答えました。

「実際は、逆の心配をすべきです。誰もその特許を欲しくない、または誰もその発明の真価を理解してくれない、というケースのほうが圧倒的に多いのです。電話やトランジスタといった大発明でさえ、その真価は長年認められませんでした」

博士のこの指摘は、まったく正鵠を射ています。ほとんどの中小企業の新製品は、**コピーされるリスクよりも、海外の誰の目にも触れず、市場の評価も受けずに旬の時期を過ぎてしまうリスクのほうが圧倒的に高い**のです。

真似されるということは、海外の現地で競合会社がその新製品を試験販売してメリットを宣伝してくれることにほかなりません。その競合会社が現地の市場をゼロから10まで広げてくれれば、そこにチャンスが生まれます。

もとより真似ですから、製品は不完全です。エンドユーザーには不満があるでしょう。そこにあなたの会社または販売代理店がアプローチすれば、乗り換えてくれる可能性が大です。競合会社があなたの会社のために市場を教育・開拓してくれたと考えることもできるのです。所詮は模倣品です。タイ焼きのしっぽはくれてやりましょう。

コピーは海外で実績のある大企業が有望製品を出す前に心配することであって、初めて海外に売りに出そうとしている中小企業が心配しすぎると身動きがとれなくなってしまいます。勇気をもって海外の販売代理店にその製品を見せに行って、彼らの意見を聞きましょう。新製品がコピーされる1％のリスクよりも、海外の誰にも知られないままに製品の旬の時期を過ぎてしまう99％のリスクを恐れましょう（この1％、99％はイメージであって厳密ではありません）。

まずは、組織を作るのではなく顧客を見つける努力をしましょう。そのために海外の販売代理店候補にアプローチして意見を聞きましょう。販売代理店候補とのミーティングまでいけば、その製品にどれぐらいの需要があるのか、営業を任せられるのか、やはり自社で子会社を設立して営業しなければならないのか、ウェブサイトで十分なのか、といったことが分かります。

その過程で、あなたの会社の組織や海外人材のありかたが決まってくるのです。組織を先に作って攻めるような真似は、大企業にしかできません。

中小企業の強みは、なんといっても社長の素早い決断力と機動力にあります。海外の企業や販売代理店の多くは、日本の大企業の決断力の遅さにイライラしています。そこに小回りのきく中小企業の活路があります。

中小企業が海外に製品を売り込める時代が来ています。日本から世界に冠たるグローバルニッチ企業が1社でも多く生まれることを、そしてあなたの会社がその1社となることを祈願しています。

第7章のまとめ

■ 英語を完全マスターできたら海外に乗り出す、という考えは捨てよう。

■ ビジネスに通用する英語力は、ちょっと話した様子やテストのスコアからは見破れない。それだけに人材採用も難しいため、拙速に行わないようにしよう。

■ 英語ネイティブでない外国人に英訳を任せると、間違いがあっても誰も気づけないので、永続的に使うパンフレットやホームページなどには、必ず英語を母国語にする人のチェックを受けよう。

■ 販路開拓のプロセスにおいて、本当に英語力が必要なのはほんの一部であり、それに応じて社内体制を整えればよい。外部人材をプロジェクト型で活用しよう。

あとがき

「百尺竿頭《ひゃくしゃくかんとう》に一歩を進む」という禅の言葉があります。崖から突き出た百尺のさお――その最後まで一生懸命に歩いてさらに一歩を進めよ、という教えです。当然、谷底に落ちてしまいます。しかし、あえてそれをせよというのです。

海外販路開拓について、今まで自身がためてきた経験やノウハウを公開することに躊躇がなかった、と言えばウソになります。自分の飯のタネを失う結果になるかもしれません。しかし、どんな結果になろうとも経験・ノウハウを公開すべきときが来ている、という強い感覚が勝りました。

私の理想は世界中がひとつの市場としてまとまることです。昔の日本にも群雄割拠《ぐんゆうかっきょ》の戦国時代などがありましたが、今は国内で戦争が起こるなんてことは考えられません。経済的に完全にひとつになったからです。自分で自分を叩くような真似は誰もしないでしょう。同じことが世界規模で起こるべきです。経済的に世界がひとつになって、それを人々が実感できれば、戦争は割に合わないと誰しも考えるでしょう。商売を超えた友人が海外にできればなおさらです。そういった理想をもってこの本を書きました。

本書が、グローバルニッチ企業をめざす中小企業を支援する、大きな輪の一環になれば幸いです。

Seafood Expo North America 2016

▸http://www.seafoodexpo.com/north-america/

- 分野：農林水産物・食品
- 場所：米国・ボストン
- 開催時期：2016年3月6～8日
- 募集時期：10月募集開始予定
- 問合せ：農林水産・食品事業推進課

パリ・アパレル展　Paris sur Mode / Premiere classe 秋冬展

▸http://www.parissurmode.com/

- 分野：ファッション・繊維・アパレル製品・服飾雑貨
- 場所：フランス・パリ
- 開催時期：2016年3月初旬
- 募集時期：第3四半期
- 問合せ：生活関連産業課（ファッション産業班）

パリ・アパレル展　TRANOI Femme 秋冬展

▸http://www.tranoi.com/femme/

- 分野：ファッション・繊維・アパレル製品・服飾雑貨
- 場所：フランス・パリ
- 開催時期：2016年3月初旬
- 募集時期：第3四半期
- 問合せ：生活関連産業課（ファッション産業班）

サンパウロ・ギフトフェア

▸http://www.laco.com.br/

- 分野：デザイン・家庭用日・デザイン製品
- 場所：ブラジル・サンパウロ
- 開催時期：詳細未定
- 募集時期：未定
- 問合せ：生活関連産業課（デザイン産業班）

- 場所：香港
- 開催時期：2016 年 3 月
- 募集時期：8 月募集開始予定
- 問合せ：農林水産・食品事業推進課

香港フィルマート

▸http://www.hktdc.com/fair/hkfilmart-en/

- 分野：コンテンツ映画・映像
- 場所：香港
- 開催時期：2016 年 3 月
- 募集時期：2015 年 12 月
- 問合せ：クリエイティブ産業課

ゲーム・コネクション

▸http://www.game-connection.com/

- 分野：コンテンツゲーム
- 場所：米国・サンフランシスコ
- 開催時期：2016 年 3 月
- 募集時期：2015 年 12 月
- 問合せ：クリエイティブ産業課

シカゴ・ホーム & ハウスウェアショー

▸http://www.housewares.org/

- 分野：デザイン・家庭用品・日用品
- 場所：米国・シカゴ
- 開催時期：2016 年 3 月 5 日～ 8 日
- 募集時期：2015 年 9 月上旬
- 問合せ：生活関連産業課（デザイン産業班）

分析機器展示会「PITTCON2016」

▸http://pittcon.org/

- 分野：機械・機器・分析機器・理化学関連機器等
- 場所：米国・アトランタ
- 開催時期：2016 年 3 月 6 日～ 10 日
- 募集時期：2015 年 7 月上旬～
- 問合せ：ものづくり産業課

総合機械展示会「Win Metal Working」

▸http://www.win-fair.com/en/win_blue.html

- 分野：機械・機器・金属加工機械（切削、成形、プレス、工具等）・溶接・表面処理等
- 場所：トルコ・イスタンブール
- 開催時期：2016年2月11日～14日
- 募集時期：2015年6月上旬～
- 問合せ：ものづくり産業課

Ambiente

▸http://ambiente.messefrankfurt.com/frankfurt/en/aussteller/willkommen.html

- 分野：デザイン・インテリア・ギフト
- 場所：ドイツ・フランクフルト
- 開催時期：2016年2月12日～16日
- 募集時期：2015年8月頃
- 問合せ：生活関連産業課（デザイン産業班）

Gulfood 2016

▸http://www.gulfood.com/

- 分野：農林水産物・食品
- 場所：UAE・ドバイ
- 開催時期：2016年2月21～25日
- 募集時期：9月募集開始予定
- 問合せ：農林水産・食品事業推進課

ミラノ・ウニカ　2月展

▸http://www.milanounica.it/ENG/home.php

- 分野：ファッション・繊維・テキスタイル
- 場所：イタリア・ミラノ
- 開催時期：2016年2月初旬
- 募集時期：2015年9月
- 問合せ：生活関連産業課（ファッション産業班）

Hong Kong International Diamond,Gem & Pearl Show 2016

▸http://www.hktdc.com/fair/hkdgp-en

- 分野：農林水産物・食品

●問合せ：ものづくり産業課

メゾン・エ・オブジェ

▸http://www.maison-objet.com/en/paris

●分野：デザインインテリア・ギフト・雑貨・テーブルウェア・テキスタイル・写真等
●場所：フランス・パリ
●開催時期：2016 年 1 月 22 日～ 26 日
●募集時期：2015 年 5 月
●問合せ：生活関連産業課（デザイン産業班）

Arab Health 2016

▸http://www.arabhealthonline.com/

●分野：ライフサイエンス・医療機器・福祉機器
●場所：UAE・ドバイ
●開催時期：2016 年 1 月 25 日～ 28 日
●募集時期：2015 年 8 月中旬
●問合せ：ヘルスケア産業課

Kyung Hyang Housing Fair 2016

▸http://www.khfair.com/english/

●分野：農林水産物・食品
●場所：韓国・ソウル
●開催時期：2016 年 2 月
●募集時期：9 月募集開始予定
●問合せ：農林水産・食品事業推進課

Medical Design and Manufacturing (MD&M) West 2016

▸http://mdmwest.mddionline.com/

●分野：ライフサイエンス・医療機器・部品
●場所：米国・カリフォルニア
●開催時期：2016 年 2 月 9 日～ 11 日
●募集時期：2015 年 9 月上旬
●問合せ：ヘルスケア産業課

- 場所：インドネシア・ジャカルタ
- 開催時期：2015年12月2日～5日
- 募集時期：2015年5月上旬～
- 問合せ：ものづくり産業課

ダッカ国際見本市

▸http://www.ditf-epb.gov.bd/

- 分野：農林水産物・食品・ファッション・繊維・デザイン・コンテンツ・サービス・機械・機器・環境・エネルギー・ライフサイエンス・家庭用品・デザイン製品
- 場所：バングラデシュ・ダッカ
- 開催時期：2016年1月
- 募集時期：未定
- 問合せ：展示事業課

消費者見本家電市「CES」

▸http://www.cesweb.org/

- 分野：機械・機器・消費者向けロボット関連製品
- 場所：米国・ラスベガス
- 開催時期：2016年1月6日～9日
- 募集時期：2015年7月上旬～
- 問合せ：ものづくり産業課

Winter Fancy Food Show 2016

▸https://www.specialtyfood.com/shows-events/winter-fancy-food-show/

- 分野：農林水産物・食品
- 場所：米国・サンフランシスコ
- 開催時期：2016年1月17日～19日
- 募集時期：8月募集開始予定
- 問合せ：農林水産・食品事業推進課

板金・フォーミング展示会「IMTEX FORMING 2015」

▸http://www.imtex.in/

- 分野：機械・機器・板金・フォーミング・溶接等
- 場所：インド・バンガロール
- 開催時期：2016年1月21日～26日
- 募集時期：2015年6月上旬～

RSNA（北米放射線学会）2015

▸http://www.rsna.org/

- 分野：ライフサイエンス・医療機器
- 場所：米国・シカゴ
- 開催時期：2015年11月29日～12月3日
- 募集時期：2015年7月上旬
- 問合せ：ヘルスケア産業課

China Fisheries & Seafood Expo 2015

▸http://www.chinaseafoodexpo.com/

- 分野：農林水産物・食品
- 場所：中国・青島
- 開催時期：2015年11月4日～6日
- 募集時期：6月募集開始予定
- 問合せ：農林水産・食品事業推進課

International Wine & Spirits Fair 2015

▸http://www.hktdc.com/fair/hkwinefair-en/

- 分野：農林水産物・食品
- 場所：香港
- 開催時期：2015年11月5～7日
- 募集時期：6月募集開始予定
- 問合せ：農林水産・食品事業推進課

カンボジア輸出入一州一品展示会

- 分野：農林水産物・食品・ファッション・繊維・デザイン・コンテンツ・サービス・機械・機器・環境・エネルギー・ライフサイエンス・家庭用品・デザイン製品
- 場所：カンボジア・プノンペン
- 開催時期：2015年12月
- 募集時期：未定
- 問合せ：展示事業課

総合機械展示会「Manufacturing Indonesia」

▸http://www.manufacturingindonesia.com/

- 分野：機械・機器・工作機械・金属加工機械・周辺機器・測定機器・工具・その他周辺技術

- 開催時期：2015年11月11日〜13日
- 募集時期：6月募集開始予定
- 問合せ：農林水産・食品事業推進課

Japan Festival 2015 in ビエンチャン

- 分野：農林水産物・食品・ファッション・繊維・デザイン・コンテンツ・サービス・機械・機器・環境・エネルギー・ライフサイエンス総合展（産業、文化）
- 場所：ラオス・ビエンチャン
- 開催時期：2015年11月13日〜15日
- 募集時期：未定
- 問合せ：展示事業課

MEDICA

▸http://www.medica-tradefair.com/

- 分野：ライフサイエンス・医療機器
- 場所：ドイツ・デュッセルドルフ
- 開催時期：2015年11月16日〜19日
- 募集時期：2015年5月頃
- 問合せ：ヘルスケア産業課

総合機械展示会「METALEX2015」

▸http://www.metalex.co.th/

- 分野：機械・機器・工作機械
- 場所：タイ・バンコク
- 開催時期：2015年11月18日〜21日
- 募集時期：2015年5月頃
- 問合せ：ものづくり産業課

VietWater

▸http://www.vietwater.com/

- 分野：環境・エネルギー・水処理関連技術・サービス
- 場所：ベトナム
- 開催時期：2015年11月25日〜27日
- 募集時期：2015年6月下旬〜7月中旬（予定）
- 問合せ：環境・インフラ課

BIO-Europe 2015

►http://www.ebdgroup.com/bioeurope/index.php

- 分野：ライフサイエンス・バイオ
- 場所：ドイツ・ミュンヘン
- 開催時期：2015年11月2日〜4日
- 募集時期：2015年6月上旬
- 問合せ：ヘルスケア産業課

中国国際工業博覧会

►http://www.ciif-expo.com/

- 分野：環境・エネルギー・水・廃棄物処理
- 場所：中国
- 開催時期：2015年11月3日〜7日
- 募集時期：未定
- 問合せ：環境・インフラ課

アメリカン・フィルム・マーケット

►http://www.americanfilmmarket.com/

- 分野：コンテンツ・映画
- 場所：米国・サンタモニカ
- 開催時期：2015年11月4日〜11日
- 募集時期：2015年7月
- 問合せ：クリエイティブ産業課

コスモプロフ

►http://www.cosmoprof-asia.com/en-us/

- 分野：デザイン・化粧品・美容関連製品
- 場所：香港
- 開催時期：2015年11月11日〜13日
- 募集時期：2015年5〜6月
- 問合せ：生活関連産業課（デザイン産業班）

FHC CHINA 2015

►http://www.fhcchina.com/en/index.asp

- 分野：農林水産物・食品
- 場所：中国・上海

- 開催時期：2015年10月29日～31日
- 募集時期：第1四半期
- 問合せ：サービス産業課

PIR 2015

▸http://pirequipment.pir.ru/en

- 分野：農林水産物・食品
- 場所：ロシア・モスクワ
- 開催時期：2015年10月5～8日
- 募集時期：5月募集開始予定
- 問合せ：農林水産・食品事業推進課

パリ・アパレル展　TRANOI Femme 春夏展

▸http://www.tranoi.com/femme/

- 分野：ファッション・繊維・アパレル製品・服飾雑貨
- 場所：フランス・パリ
- 開催時期：2015年10月初旬
- 募集時期：第1四半期
- 問合せ：生活関連産業課（ファッション産業班）

日系自動車部品展示会（JAPPE）

- 分野：機械・機器・部品
- 場所：中国・広州
- 開催時期：2015年11月
- 募集時期：未定
- 問合せ：ビジネス展開支援課

ラゴス国際見本市

▸http://www.lagoschamber.com/lagos-international-trade-fair/

- 分野：農林水産物・食品・ファッション・繊維・デザイン・コンテンツ・サービス・機械・機器・環境・エネルギー・ライフサイエンス総合展（産業、文化）
- 場所：ナイジェリア・ラゴス
- 開催時期：2015年11月
- 募集時期：未定
- 問合せ：展示事業課

ANUGA 2015

▸http://www.anuga.com/anuga/index-2.php

- 分野：農林水産物・食品
- 場所：ドイツ・ケルン
- 開催時期：2015年10月10日～14日
- 募集時期：5月募集開始予定
- 問合せ：農林水産・食品事業推進課

海洋開発関連展示会「OCEANS」

▸http://oceans15mtsieeewashington.org/

- 分野：環境・エネルギー・海洋開発関連
- 場所：北米
- 開催時期：2015年10月19日～22日
- 募集時期：2015年6月中旬～7月上旬（予定）
- 問合せ：環境・インフラ課

Hospital Expo 2015

▸http://www.hospital-expo.com/

- 分野：ライフサイエンス・医療機器
- 場所：インドネシア・ジャカルタ
- 開催時期：2015年10月21日～24日
- 募集時期：2015年5月中旬
- 問合せ：ヘルスケア産業課

ECO EXPO

▸http://www.hktdc.com/fair/ecoexpoasia-en/

- 分野：環境・エネルギー
- 場所：香港
- 開催時期：2015年10月28日～31日
- 募集時期：2015年6月中旬～7月上旬（予定）
- 問合せ：環境・インフラ課

Franchising & Licensing Asia

▸http://franchiselicenseasia.com/

- 分野：サービス産業
- 場所：シンガポール

●開催時期：2015 年 9 月 29 日～ 10 月 2 日
●募集時期：4 月募集開始予定
●問合せ：農林水産・食品事業推進課

Speciality and Fine Food Fair (SFFF) 2015

▸http://www.specialityandfinefoodfairs.co.uk/Exhibitor/Inspirational-Foods

●分野：農林水産物・食品
●場所：英国・ロンドン
●開催時期：2015 年 9 月 6 日～ 8 日
●募集時期：4 月募集開始予定
●問合せ：農林水産・食品事業推進課

Flowers Expo 2015

▸http://www.flowers-expo.ru/en/v/index.html

●分野：農林水産物・食品
●場所：ロシア・モスクワ
●開催時期：2015 年 9 月 8 日～ 10 日
●募集時期：4 月募集開始予定
●問合せ：農林水産・食品事業推進課

第 15 回テヘラン国際産業見本市

▸http://www.idro-fairs.com/exhibitionen-36.html

●分野：農林水産物・食品・ファッション・繊維・デザイン・コンテンツ・サービス・機械・機器・環境・エネルギー・ライフサイエンス・部品
●場所：イラン・テヘラン
●開催時期：2015 年 10 月
●募集時期：未定
●問合せ：展示事業課

パリ・アパレル展　Paris sur Mode/Premiere classe 春夏展

▸http://www.parissurmode.com/

●分野：ファッション・繊維・アパレル製品・服飾雑貨
●場所：フランス・パリ
●開催時期：2015 年 10 月 2 日～ 5 日
●募集時期：第 1 四半期
●問合せ：生活関連産業課（ファッション産業班）

中国西部輸入博覧会

- 分野：農林水産物・食品・ファッション・繊維・デザイン・コンテンツ・サービス・機械・機器・環境・エネルギー・ライフサイエンス総合展（産業、文化）
- 場所：中国・成都
- 開催時期：2015年9月～10月
- 募集時期：未定
- 問合せ：展示事業課

BEX Asia 展

▸http://www.bex-asia.com/

- 分野：デザイン建材・インテリア
- 場所：シンガポール
- 開催時期：2015年9月2日～4日
- 募集時期：第1四半期
- 問合せ：生活関連産業課（デザイン産業班）

ミラノ・ウニカ　9月展

▸http://www.milanounica.it/ENG/home.php

- 分野：ファッション・繊維・テキスタイル
- 場所：イタリア・ミラノ
- 開催時期：2015年9月8日～10日
- 募集時期：4月予定
- 問合せ：生活関連産業課（ファッション産業班）

環境関連展示会「WefTec2015」

▸http://www.weftec.org/

- 分野：環境・エネルギー・水処理関連技術・サービス
- 場所：北米
- 開催時期：2015年9月26日～30日
- 募集時期：2015年5月中旬～6月初旬（予定）
- 問合せ：環境・インフラ課

Food & Hotel Malaysia (FHM) 2015

▸http://www.foodandhotel.com/home/index.php

- 分野：農林水産物・食品
- 場所：マレーシア・クアラルンプール

- 場所：ベトナム・ホーチミン
- 開催時期：2015年7月7日～10日
- 募集時期：募集中（4月17日）
- 問合せ：ものづくり産業課

Food Expo　2015

▸http://www.hktdc.com/fair/hkfoodexpo-en/

- 分野：農林水産物・食品
- 場所：香港
- 開催時期：2015年8月13日～15日
- 募集時期：募集中（4月24日）
- 問合せ：農林水産・食品事業推進課

NY NOW 夏展

▸http://www.nynow.com/

- 分野：デザイン家庭用品・ライフスタイル雑貨・ギフト等
- 場所：米国・ニューヨーク
- 開催時期：2015年8月16日～19日
- 募集時期：2015年4月
- 問合せ：生活関連産業課（デザイン産業班）

総合機械展示会「CIMIF2015」

▸http://www.camboexpo.com/CIMIF/

- 分野：機械・機器・縫製機械・部品・農業機械・工具・食品・包装機械等
- 場所：カンボジア・プノンペン
- 開催時期：2015年8月21日～24日
- 募集時期：2015年4月上旬～
- 問合せ：ものづくり産業課

ベトナム裾野産業育成支援（逆見本市）

- 分野：機械・機器
- 場所：ベトナム・ハノイ
- 開催時期：2015年9月
- 募集時期：未定
- 問合せ：ビジネス展開支援課

International Franchise Expo

▸http://www.ifeinfo.com/

- 分野：サービス産業
- 場所：米国・ニューヨーク
- 開催時期：2015年6月18日～20日
- 募集時期：募集中（4月10日）
- 問合せ：サービス産業課

Food Taipei 2015

▸http://www.foodtaipei.com.tw/ja_JP/index.html

- 分野：農林水産物・食品
- 場所：台湾・台北
- 開催時期：2015年6月24日～27日
- 募集時期：募集終了
- 問合せ：農林水産・食品事業推進課

第39回ダルエスサラーム国際商業祭「サバサバ」

▸http://www.tantrade.or.tz/events.php?yearID=2015&monthID=6&dayID=28&e=36

- 分野：農林水産物・食品・ファッション・繊維・デザイン・コンテンツ・サービス・機械・機器・環境・エネルギー・ライフサイエンス総合展（産業、文化）
- 場所：タンザニア・ダルエスサラーム
- 開催時期：2015年6月28日～7月8日
- 募集時期：2015年4月
- 問合せ：展示事業課

Summer Fancy Food Show 2015

▸http://www.specialtyfood.com/shows-events/summer-fancy-food-show/

- 分野：農林水産物・食品
- 場所：米国・ニューヨーク
- 開催時期：2015年6月28日～30日
- 募集時期：募集終了
- 問合せ：農林水産・食品事業推進課

総合機械展示会「MTA ベトナム 2015」

▸http://mtavietnam.com/en/home/

- 分野：機械・機器・工作機械

- 募集時期：募集中（4 月 10 日）
- 問合せ：クリエイティブ産業課

第 3 回中国－南アジア博覧会

▸http://www.csaexpo.cn/

- 分野：農林水産物・食品・ファッション・繊維・デザイン・コンテンツ・サービス・機械・機器・環境・エネルギー・ライフサイエンス総合展（産業、文化）
- 場所：中国・雲南省
- 開催時期：2015 年 6 月 6 日～ 10 日
- 募集時期：未定
- 問合せ：展示事業課

広州国際照明展覧会

▸http://www.lightstrade.com/exhibition/index.aspx

- 分野：デザインインテリア・デザイン製品
- 場所：中国・広州
- 開催時期：2015 年 6 月 9 日～ 12 日
- 募集時期：2015 年 4 月
- 問合せ：展示事業課

航空展示会「パリエアショー 2015」

▸http://www.siae.fr/EN

- 分野：機械・機器・航空機器部品、関連サービス等
- 場所：フランス・パリ
- 開催時期：2015 年 6 月 15 日～ 21 日
- 募集時期：募集中（4 月 10 日）
- 問合せ：ものづくり産業課

2015 BIO International Convention

▸http://convention.bio.org/

- 分野：ライフサイエンス・バイオ
- 場所：米国・フィラデルフィア
- 開催時期：2015 年 6 月 16 日～ 18 日
- 募集時期：募集終了
- 問合せ：ヘルスケア産業課

- 場所：インドネシア
- 開催時期：2015 年 5 月 27 日～ 29 日
- 募集時期：募集中（4 月 6 日）
- 問合せ：環境・インフラ課

第 18 回中国（重慶）国際投資全球会（略称：渝治会 重慶商談会）

▸http://www.ccisf.com/

- 分野：農林水産物・食品・ファッション・繊維・デザイン・コンテンツ・サービス・機械・機器・環境・エネルギー・ライフサイエンス総合展（産業、文化）
- 場所：中国・重慶
- 開催時期：2015 年 5 月 28 日～ 31 日
- 募集時期：2015 年 4 月
- 問合せ：展示事業課

FEIRA APAS 2015

▸http://feiraapas.com.br/

- 分野：農林水産物・食品
- 場所：ブラジル・サンパウロ
- 開催時期：2015 年 5 月 4 日～ 7 日
- 募集時期：募集終了
- 問合せ：農林水産・食品事業推進課

HOFEX 2015

▸http://hofex.com/

- 分野：農林水産物・食品
- 場所：香港
- 開催時期：2015 年 5 月 6 日～ 9 日※隔年開催
- 募集時期：募集終了
- 問合せ：農林水産・食品事業推進課

MIDEM

▸http://www.midem.com/

- 分野：コンテンツ・音楽
- 場所：フランス・カンヌ
- 開催時期：2015 年 6 月 5 日～ 8 日

ジェトロが出展支援する海外展示会
（2015年度予定）

2015年4月6日　ジェトロHPより抜粋・編集

※すべてが毎年同じ時期・会場で開催されるとは限りませんので目安としてください。

中国中部投資貿易博覧会

▸http://expocentralchina.mofcom.gov.cn/pub/zbblh/intro/default.htm

- 分野：農林水産物・食品・ファッション・繊維・デザイン・コンテンツ・サービス・機械・機器・環境・エネルギー・ライフサイエンス総合展（産業、文化）
- 場所：中国・武漢
- 開催時期：2015年5月18日～20日
- 募集時期：2015年4月
- 問合せ：展示事業課

2015中国（昆山）ブランド産品輸入交易会

▸http://www.importexpo.org/web/index.aspx

- 分野：農林水産物・食品・ファッション・繊維・デザイン・コンテンツ・サービス・機械・機器・環境・エネルギー・ライフサイエンス総合展（産業、文化）
- 場所：中国・昆山
- 開催時期：2015年5月20日～23日
- 募集時期：2015年4月
- 問合せ：展示事業課

Thaifex 2015

▸http://www.thailandfoodfair.com/thaifex-2015/

- 分野：農林水産物・食品
- 場所：タイ・バンコク
- 開催時期：2015年5月20日～22日
- 募集時期：募集終了
- 問合せ：農林水産・食品事業推進課

Indo Water

▸http://www.indowater.com/

- 分野：環境・エネルギー・水処理関連技術・サービス

41. 佐賀県

佐賀県、佐賀共栄銀行、佐賀銀行

42. 長崎県

長崎県、十八銀行、親和銀行、長崎銀行

43. 熊本県

熊本市、熊本銀行、肥後銀行

44. 大分県

大分県産業創造機構、大分銀行、豊和銀行

45. 宮崎県

宮崎銀行、宮崎太陽銀行

46. 鹿児島県

鹿児島県商工会連合会、鹿児島銀行、鹿児島相互信用金庫

47. 沖縄県

沖縄振興開発金融公庫、沖縄銀行、琉球銀行

30. 和歌山県
紀陽銀行、きのくに信用金庫

31. 鳥取県
鳥取商工会議所、鳥取銀行

32. 島根県
山陰合同銀行、島根銀行

33. 岡山県
岡山県、トマト銀行、中国銀行、おかやま信用金庫、玉島信用金庫、水島信用金庫

34. 広島県
広島県、もみじ銀行、広島銀行、しまなみ信用金庫、呉信用金庫、広島信用金庫

35. 山口県
山口銀行、西京銀行、西中国信用金庫、東山口信用金庫、萩山口信用金庫

36. 徳島県
阿波銀行、徳島銀行

37. 香川県
香川銀行、百十四銀行、高松信用金庫

38. 愛媛県
愛媛銀行、伊予銀行、愛媛信用金庫

39. 高知県
高知銀行、四国銀行

40. 福岡県
九州経済連合会、西日本シティ銀行、筑邦銀行、福岡銀行、北九州銀行、遠賀信用金庫、大川信用金庫、福岡ひびき信用金庫、NCBリサーチ＆コンサルティング

用金庫、沼津信用金庫、焼津信用金庫、静岡信用金庫、静清信用金庫、島田信用金庫、磐田信用金庫、浜松信用金庫、富士宮信用金庫、富士信用金庫

23. 愛知県

愛知銀行、中京銀行、名古屋銀行、いちい信用金庫、愛知信用金庫、岡崎信用金庫、蒲郡信用金庫、瀬戸信用金庫、西尾信用金庫、中日信用金庫、東春信用金庫、尾西信用金庫、碧海信用金庫、豊橋信用金庫、豊川信用金庫、豊田信用金庫

24. 三重県

三重銀行、第三銀行、百五銀行、桑名信用金庫、北伊勢上野信用金庫

25. 滋賀県

滋賀県、滋賀県産業支援プラザ、滋賀銀行

26. 京都府

京都府、京都市、京都高度技術研究所、京都産業 21、京都商工会議所、京都府商工会連合会、京都銀行、京都信用金庫、京都中央信用金庫、京都北都信用金庫

27. 大阪府

大阪市、堺市産業振興センター、大阪産業振興機構、大阪市都市型産業振興センター、東大阪市産業創造勤労者支援機構、大阪国際経済振興センター、守口門真商工会議所、泉大津商工会議所、大阪商工会議所、豊中商工会議所、北大阪商工会議所、関西アーバン銀行、近畿大阪銀行、池田泉州銀行、大阪シティ信用金庫、大阪信用金庫、りそな銀行

28. 兵庫県

兵庫県、神戸市、ひょうご産業活性化センター、南あわじ市商工会、姫路商工会議所、みなと銀行、但馬銀行、神戸信用金庫、西兵庫信用金庫、但陽信用金庫、淡路信用金庫、中兵庫信用金庫、尼崎信用金庫、姫路信用金庫、兵庫信用金庫

29. 奈良県

南都銀行

相模原市産業振興財団、横浜インドセンター、横浜商工会議所、川崎商工会議所、大和商工会議所、藤沢商工会議所、横浜銀行、神奈川銀行、かながわ信用金庫、さがみ信用金庫、横浜信用金庫、湘南信用金庫、川崎信用金庫、平塚信用金庫

15. 新潟県

長岡商工会議所、大光銀行、第四銀行、北越銀行、三条信用金庫

16. 富山県

富山県、富山県新世紀産業機構、高岡商工会議所、黒部商工会議所、射水商工会議所、砺波商工会議所、富山商工会議所、富山銀行、北陸銀行、富山第一銀行、高岡信用金庫、富山信用金庫

17. 石川県

北國銀行、のと共栄信用金庫

18. 福井県

福井県商工会連合会、福井銀行、福邦銀行、福井信用金庫

19. 山梨県

やまなし産業支援機構、山梨県商工会連合会、山梨中央銀行、都留信用組合

20. 長野県

長野県中小企業振興センター、戸倉上山田商工会、長野銀行、八十二銀行、松本信用金庫、諏訪信用金庫、長野信用金庫、飯田信用金庫、長野県信用組合

21. 岐阜県

岐阜県産業経済振興センター、十六銀行、大垣共立銀行、岐阜信用金庫、大垣信用金庫、東濃信用金庫、飛騨信用組合

22. 静岡県

浜松市、静岡県国際経済振興会、浜松地域イノベーション機構、静岡県商工会連合会、静岡商工会議所、島田市商工会、浜松商工会議所、清水銀行、静岡銀行、静岡中央銀行、スルガ銀行、遠州信用金庫、掛川信用金庫、三島信

08. 茨城県

日立市、茨城県中小企業振興公社、日立地区産業支援センター、常陽銀行、筑波銀行、つくば研究支援センター、ひたちなかテクノセンター

09. 栃木県

栃木県、栃木県産業振興センター、足利銀行、栃木銀行、大田原信用金庫

10. 群馬県

群馬県、桐生市、群馬県産業支援機構、群馬県商工会連合会、太田商工会議所、群馬銀行、東和銀行、アイオー信用金庫、しののめ信用金庫、桐生信用金庫、高崎信用金庫

11. 埼玉県

さいたま市、所沢市、さいたま市産業創造財団、本庄早稲田国際リサーチパーク、埼玉県商工会連合会、川口商工会議所、武蔵野銀行、埼玉縣信用金庫、青木信用金庫、川口信用金庫、飯能信用金庫、埼玉りそな銀行

12. 千葉県

千葉市、千葉市産業振興財団、千葉県商工会連合会、習志野商工会議所、千葉商工会議所、 京葉銀行、千葉興業銀行、千葉銀行、千葉信用金庫、銚子信用金庫、銚子商工信用組合

13. 東京都

八王子市、東京都民銀行、東日本銀行、八千代銀行、さわやか信用金庫、亀有信用金庫、芝信用金庫、小松川信用金庫、昭和信用金庫、城南信用金庫、城北信用金庫、西京信用金庫、西武信用金庫、巣鴨信用金庫、足立成和信用金庫、多摩信用金庫、瀧野川信用金庫、朝日信用金庫、東栄信用金庫、東京シティ信用金庫、東京信用金庫、東京東信用金庫、ブラジル銀行、大東京信用組合、第一勧業信用組合、みずほ銀行、三井住友銀行、三菱東京 UFJ 銀行、新生銀行、AIU 損害保険、三井住友海上火災保険、東京センチュリーリース、東京海上日動火災保険、損保ジャパン日本興亜、日本弁護士連合会、国際研修協力機構、 日本生産性本部、日本中小企業経営支援専門家協会（JPBM）、貿易アドバイザー協会（AIBA）、海外産業人材育成協会 (HIDA)

14. 神奈川県

神奈川県、横浜市、川崎市、横浜企業経営支援財団、神奈川産業振興センター、

海外展開一貫支援ファストパス制度の参加機関・自治体【都道府県別】

（経済産業省HPより抜粋・編集）

国内の支援機関が、海外に有する拠点まで含めて連携して支援する仕組み（「海外展開一貫支援ファストパス制度」）を構築することにより､海外展開の「潜在力」･「意欲」をもつ中堅・中小企業等の掘り起こしを図るとともに、国内から海外までシームレスな支援を提供できるようにする。参加機関は、政府･政府関係機関、自治体、地方経済団体、金融機関、その他それに類する機関である。

01. 北海道

札幌市、帯広市、北海道経済連合会、北海道国際ビジネスセンター、北海道食産業総合振興機構、さっぽろ産業振興財団、旭川産業創造プラザ、札幌商工会議所、北海道銀行、北洋銀行、旭川信用金庫、釧路信用金庫、札幌信用金庫、帯広信用金庫、大地みらい信用金庫、稚内信用金庫、苫小牧信用金庫、網走信用金庫

02. 青森県

青森県、青森県中小企業団体中央会、みちのく銀行、青森銀行

03. 岩手県

岩手銀行、東北銀行、北日本銀行

04. 宮城県

宮城県､宮城県国際経済振興協会､仙台商工会議所､七十七銀行､石巻信用金庫

05. 秋田県

北都銀行、秋田銀行

06. 山形県

山形県国際経済振興機構、荘内銀行、きらやか銀行、山形銀行、鶴岡信用金庫

07. 福島県

福島県、大東銀行、東邦銀行、福島銀行、須賀川信用金庫、いわき信用組合

企業への多様な経営課題に対する相談指導、取引の振興、販路拡大、人材育成、調査研究等を行う。

- 海外支援例：海外展示会出展、海外ミッション派遣等

沖縄地方

沖縄県産業振興公社

▸http://okinawa-ric.jp/useful/b006/

- 概要：本県産業の健全な発展に寄与することを目的とし、設備の近代化、中小商業の活性化、創造的中小企業の支援、その他産業振興に必要な事業を行う。
- 海外支援例：海外展示会参加、海外ミッション派遣、海外市場調査等

沖縄振興開発金融公庫

http://www.okinawakouko.go.jp/about/151

- 概要：沖縄における政策金融を一元的・総合的に行う政府系金融機関。県民・企業のニーズに最適な支援施策の組合せをワンストップサービスで提供する。
- 海外支援例：海外事業展開のための資金調達、海外情報提供等

プで対応する貿易支援機関。企業の海外展開の総合的な支援を行う。

- 海外支援例：海外展示会参加、海外販路開拓活動同行支援、海外チャレンジ補助金等

四国地方

愛媛県産業貿易振興協会

▸http://www.ehime-sanbokyo.jp/

- 概要：ジェトロ愛媛貿易情報センターと連携し、愛媛県や松山市等の地方自治体、商工会議所や商工会等各種経済団体・組合と協力して県内企業の国際取引促進支援事業を行う。
- 海外支援例：貿易相談、愛媛の輸出有望産品発掘調査、人材育成、貿易実務研修等

四国銀行

▸http://www.shikokubank.co.jp/corporation/manage/boeki.php

- 概要：高知県高知市に本店を置く地方銀行。高知県指定金融機関であり、県下では最大の金融機関である。
- 海外支援例：海外事業展開のための資金調達、海外進出、現地法人設立に関する支援等

九州地方

九州経済連合会

▸http://www.kyukeiren.or.jp/mou/?url=development.html

- 概要：九州・山口地域に事業所を有する企業・団体を会員とする総合経済団体。会員企業の意見を取りまとめ国や自治体へ提言するほか、地域経済活性化に関連する調査研究を行う。
- 海外支援例：海外ミッション派遣、海外情報の入手、取引先やパートナーの紹介等

大分県産業創造機構

▸http://www.columbus.or.jp/side_detail.php?139320668057961

- 概要：県民生活の向上と県産業経済の発展に寄与することを目的とし、中小

IBPC大阪

▸http://www.ibpcosaka.or.jp/j/

- 概要：中小企業の海外ビジネス支援・相互経済交流の促進を目的とした大阪市の団体。海外ネットワークとの橋渡しで中小企業の国際ビジネスサポートを行う。
- 海外支援例：専門家によるアドバイス、人材育成、イベント・セミナーの開催等

京都高度技術研究所

▸http://www.astem.or.jp/business/support/gnt

- 概要：京都の産業、科学技術の振興を目的として設立された研究機関。先端科学技術の研究、開発、調査等のほかに、中小企業に対する総合的な支援も行う。
- 海外支援例：グローバル・ニッチ・トップ企業創出支援等

京都産業21

http://www.ki21.jp/trade/index.html

- 概要：中小企業の販路開拓、経営・技術力の向上、人材育成等経営基盤の強化や新事業分野の開拓、経営革新、創業を支援し、京都産業の発展に貢献することを目的に活動を行う。
- 海外支援例：国際ビジネス相談、中国ビジネス展開相談、農産物等輸出サポート等

中国地方

ひろしま産業振興機構

▸http://www.hiwave.or.jp/purpose1/international/

- 概要：地域経済の発展に寄与することを目的に、産学官連携による新たな事業活動への取組み、経営基盤の強化、国際ビジネスの支援などを行う。
- 海外支援例：海外展示会参加、ビジネスマッチング視察派遣、海外ビジネス相談等

とっとり国際ビジネスセンター

▸http://www.tottori-kaigai.com/?view=1

- 概要：海外との貿易や販路拡大に関する県内企業の要望や相談にワンストッ

中部地方

静岡県国際経済振興会

▸http://www.siba.or.jp/

- 概要：静岡県内中小企業の国際化支援を事業とする、静岡県の外郭団体。県経済の発展に寄与することを目的とし、貿易振興事業を行うとともに県内中小企業の国際化を推進している。
- 海外支援例：海外市場開拓支援金補助、海外展開コンサルティング、貿易・投資相談等

やまなし産業支援機構

▸https://www.yiso.or.jp/advisement/trade.html

- 概要：新規開業や独立創業・新分野への進出や事業の多角化など、経営革新を推進している個人や中小企業に対し、総合的支援の提供を行う。
- 海外支援例：海外展開支援アドバイザー派遣、海外展開一貫支援ファストパス制度等

近畿地方

大阪商工会議所

▸http://www.osaka.cci.or.jp/trade.html

- 概要：関西経済連合会や関西経済同友会と並ぶ関西３経済団体の１つ。全国の政令指定都市の中でも会員数は、東京に次いで全国２位となっている。
- 海外支援例：海外市場アクセス支援、貿易関係証明、国際ビジネスセミナーの開催等

大阪産業振興機構

▸http://www.mydome.jp/ibo/

- 概要：大阪府内の中小企業・創業者の経営支援や産業振興を図るために施策・事業情報、講習会・研修・セミナー・イベント情報、国内・海外の販路開拓の支援情報の提供を行う。
- 海外支援例：国際ビジネス相談、海外拠点を活用したビジネス支援、海外展示会出展等

東京都中小企業振興公社　国際化支援室

▸https://www.tokyo-trade-center.or.jp/TTC/

- 概要：東京都における中小企業の総合的・中核的な支援機関として各種支援事業を提供する公益財団法人。
- 海外支援例：海外販路ナビゲータによるハンズオン支援、海外展示会出展支援、専門相談員からのアドバイス（貿易実務、海外情報、海外投資、海外取引等）、セミナー・講習会

横浜商工会議所

▸http://www.yokohama-cci.or.jp/international/

- 概要：1895年発足。横浜市全域を対象とする地域団体。会頭は日本商工会議所の副会頭をつとめるなど全国でも有力な商工会議所の1つである。
- 海外支援例：アジア展開アドバイザー派遣、原産地証明、海外ミッション派遣等

横浜市経済局

▸http://www.city.yokohama.lg.jp/keizai/kaigai/kaigaihanro/

- 概要：中小企業の振興施策を総合的に実施するとともに、「成長分野育成ビジョン」の実現に向けた施策の推進体制を整備している。
- 海外支援例：海外市場開拓・輸出アドバイス、海外展示商談会出展助成、金融支援等

埼玉県産業振興公社

▸http://www.saitama-j.or.jp/shinbunya/

- 概要：県内中小企業の振興を図る目的で、埼玉県が設立した公益法人。埼玉県と緊密な連携を図りながら、各種事業の実施を行う。
- 海外支援例：海外展示会参加、海外ミッション派遣、貿易投資相談等

TAMA産業活性化協会

▸http://www.tamaweb.or.jp/business-overview/development-of-market

- 概要：埼玉県南西部、東京都多摩地域、神奈川県中央部の地域で、産官学連携のもと研究・開発力や製造技術促進を図ることを目的とし、各種事業を行う。
- 海外支援例：連携先を活用した販路開拓、技術連携、人材交流等

山形県国際経済振興機構

▸http://www.yamagata-export.jp/

- 概要：山形県内の事業者の県産品輸出や海外でのビジネス展開を支援する専門機関。海外ビジネスに役立つ各種サービスの提供を行う。
- 海外支援例：海外展示会参加、海外ミッション派遣、海外企業マッチング支援等

いわき産学官ネットワーク協会

▸http://www.iwaki-sangakukan.com/project_manager/2012/04/kh.html

- 概要：いわき地域の活性化に貢献することを目的とし、いわき地域の新事業・新産業創出のサポートを行う。
- 海外支援例：海外販路開拓支援、海外ミッション派遣、ビジネスマッチング等

関東地方

東京商工会議所

▸http://www.tokyo-cci.or.jp/

- 概要：東京23区内の会員（商工業者）で構成される民間の総合経済団体。商工業の総合的な発達と社会一般の福祉の増進を目的に経営支援・政策・地域振興の3つを柱とする。
- 海外支援例：海外ビジネス無料相談、タイ企業とのビジネスマッチング、中小企業と現地事情に精通したアドバイザーをマッチング、商工会議所会員企業向け海外からの引き合い情報等掲載サイトの設置、各種証明書の発行（貿易登録、原産地証明、インボイス証明、サイン証明等）、専門相談窓口（弁護士、税理士、社会保険労務士、弁理士、不動産鑑定士、ITコンサルタント、貿易コンサルタント等）

[役立つサイト]

- ○国別コード表：
  http://www.tokyo-cci.or.jp/shomei_center/codes_country_code/
- ○品目別コード表：
  http://www.tokyo-cci.or.jp/shomei_center/codes_goods_code/

地方レベル　海外展開支援機関

北海道地方

北海道国際ビジネスセンター

▸http://www.dousanhin.com/hibc/project/profile/index.php

- 概要：道内企業の貿易や海外展開などを総合的に支援するため、行政機関をはじめ道内の経済団体、金融機関や関係企業など官民協働で設置され、国際化の進展に貢献している。
- 海外支援例：海外取引マッチング支援、貿易・海外展開に関する個別相談、人材育成等

札幌商工会議所

▸http://www.sapporo-cci.or.jp/content/category/business.html#02

- 概要：札幌市最大の経済団体。全国の政令指定都市の中でも会員数は、東京、大阪に次いで全国３位となっており、地域中小企業の結束が非常に強い団体でもある。
- 海外支援例：貿易実務講座、貿易関係証明の発行、留学生の道内企業への就職支援等

東北地方

秋田県貿易促進協会

▸http://www.a-trade.or.jp/

- 概要：秋田県産業経済の発展に寄与することを目的とし、県経済のグローバル化に対応するため、県内企業に専門的かつ効果的な貿易支援活動を行う。
- 海外支援例：海外展示会参加、海外ミッション派遣、海外企業マッチング支援等

商談会）
- 調査・研究結果に関する各種情報提供（調査・研究結果、刊行物、書籍等）

一般財団法人　海外産業人材育成協会（HIDA）

主に開発途上国の産業人材を対象とした研修および専門家派遣等の技術協力を推進する人材育成機関。中小サービス業等海外現地人材研修支援事業では、日本の中小サービス産業等を対象に、現地人材の育成を通じて日本の中小サービス産業の海外展開を支援。
▸URL: http://www.hidajapan.or.jp/jp/smehosei/index.html

- 受入研修、専門家派遣、海外研修等

事業展開および地元地域活性化への円滑な促進を図ることを目的に、情報収集・調査、普及活動、社員採用・育成など各種支援事業の実施を行う。
▶URL: http://www.jica.go.jp/sme_support/index.html

- 途上国進出支援調査（案件化調査、基礎調査、協力準備調査）
- 途上国への製品普及実証事業
- 民間連携ボランティア（海外人材育成）
- 現地ビジネス環境・人材確保に関する情報提供

商工組合中央金庫（商工中金）

政府と民間の共同出資により設立された中小企業金融専門の総合金融機関。主として中小企業金融の円滑化を目的として、預金の受け入れ、資金の移動や貸し付け、手形取引そのほかの「株式会社商工組合中央金庫法」で規定する業務を行う。
▶URL：http://www.shokochukin.co.jp/

- 海外進出資金の融資、現地法人の資金調達支援
- 海外の投資環境等の情報提供
- 輸出・輸入の貿易決済、海外送金、先物為替約等の外国為替業務
- 外国企業との取引に伴う入札保証、契約保証、前受金返還保証等
- 海外セミナー、海外中金会（香港、バンコク、マレーシア）、海外交流会（NY、上海、大連、ハノイ）による取引先相互の情報交換の機会提供

日本政策金融公庫（日本公庫）

100％政府出資の政策金融機関。国の政策に基づいて、個人・中小企業・農林水産業者への融資、国内産業の国際競争力向上や海外での資源開発促進のための金融など、一般の金融機関を補完する業務を行う。
▶URL：https://www.jfc.go.jp/

- 海外展開資金の融資（直接投資、生産委託、販売強化）
- 海外展開支援融資（農林水産事業輸出支援）
- スタンドバイ・クレジット制度（海外金融機関から現地流通通貨での資金調達）
- セミナー・イベントの開催（海外展開セミナー、海外交流会、海外ビジネス

[役立つサイト]
○国・地域ごとの引受方針：http://nexi.go.jp/cover/

一般財団法人 安全保障貿易情報センター（CISTEC）

安全保障輸出管理に関する民間の非営利総合推進機関。安全保障輸出管理に関する調査研究・情報提供・国際協力や企業の安全保障輸出管理業務の支援などを行う。
▸URL：http://www.cistec.or.jp/

- 安全保障輸出管理に関する各種情報提供（各種資料、セミナー・講演会等）
- 輸出管理相談
- 該非判定支援サービス
- 輸出管理人材の情報提供

一般社団法人 日本商事仲裁協会

国内・国際間の商取引上の紛争を裁判所によらず解決を図る仲裁・調停・斡旋事業、および、外国に一時的に商品見本や仕事道具を簡便な手続で免税でもち込める「一時免税通関書類（カルネ）」発給事業の実施を行う。
▸URL：http://www.jcaa.or.jp/

- 国際商事紛争に関する仲裁・調停・斡旋
- 国際取引に関する相談（法律相談、契約相談、貿易相談）
- 国際取引に関する情報提供（情報誌の発行、文献の提供、調査・研究・成果の提供）
- 国際取引に関する講演会・講習会の開催
- ATA カルネ（一時免税通関書類）の発給および保証
- 各種講習会・セミナーの開催

独立行政法人　国際協力機構

概要：開発途上国に資金や技術を支援する政府の途上国援助（ODA）を担う独立行政法人。中小企業等の卓越した製品・技術を開発途上国の課題解決と企業の海外

○ジェトロビジネスライブラリー：http://www.jetro.go.jp/lib.html
○国・地域別にみる貿易・投資相談 Q&A：
http://www.jetro.go.jp/world/qa.html
○引き合い案件データベース：
http://www.jetro.go.jp/ttppoas/indexj.html

独立行政法人 中小企業基盤整備機構

中小企業を中心とする事業者への事業活動支援を目的として設立された独立行政法人。中小企業が抱える要望や悩みについて、インフラ、資金、人材、情報などさまざまな角度から支援策の提供を行う。
▶URL：http://www.smrj.go.jp/

- 海外ビジネス専門家による無料相談
- 海外展示会出展サポート
- 海外ビジネス戦略推進支援事業（海外事業計画策定、F/S、海外取引用 Web 構築）
- 海外企業経営者との商談会
- 海外展開に関する情報提供（事例レポート、海外調査報告、担当者向け情報提供、メールマガジン等）

独立行政法人 日本貿易保険（NEXI）

対外取引の健全な発展を図るために貿易保険業務を行う独立行政法人。日本国内の企業が行う輸出、輸入、海外投資、あるいは海外融資といった対外取引に伴う危険をカバーする貿易保険の提供を行う。
▶URL：http://nexi.go.jp/

- 貿易取引、海外投資等に伴う取引上のリスクによって被る損失をカバーする貿易保険の引受（中小企業輸出代金保険、貿易一般保険、海外投資保険、前払輸入保険、海外事業資金貸付保険、限度額設定方貿易保険、輸出手形保険、簡易通知方包括保険）

国レベル　海外展開支援機関

（各機関ＨＰより抜粋・編集）

独立行政法人 日本貿易振興機構（ジェトロ）

日本と海外の企業の円滑な貿易の進展を目的として設立された独立行政法人。東京に本部を構え、国内外に合計で100ヶ所以上のネットワークをもつ。日本の貿易の振興に関する事業、開発途上国・地域に関する研究を幅広く実施している。

▶URL：http://www.jetro.go.jp/

国内サービス

- 海外ミニ調査（企業検索や統計資料など、オーダーメイド型ワンポイント情報収集）
- 展示会・商談会への出展支援
- サービス産業個別企業支援
- 海外展開のための専門家活用助成事業
- 新興国進出支援専門家派遣事業
- 輸出有望案件発掘支援事業
- 国際即戦力育成インターンシップの実施
- 海外経済・貿易情報（J-FILE、ビジネスライブラリー）
- 貿易投資相談（貿易投資相談、輸出支援相談）
- セミナー・講座の開催（海外進出、貿易実務、グローバル人材育成等）

海外サービス

- 海外ブリーフィング（現地一般経済事情やビジネス環境についての情報提供）
- ビジネスアポイントメント取得（指定の外国企業とのアポイントメントの取得）
- 進出企業サポート（海外進出企業支援、中国進出企業支援センター）
- 海外拠点立ち上げ支援（ビジネス・サポートセンター：フィリピン、タイ、インド、ベトナム、ミャンマー）

［役立つサイト］

- ○世界の関税を調べる：http://www.jetro.go.jp/themetop/export/e-tariff/
- ○見本市・展示会データベース（J-messe）：
http://www.jetro.go.jp/j-messe/business.html

付録

国レベル　海外展開支援機関

地方レベル　海外展開支援機関

海外展開一貫支援ファストパス制度の参加機関・自治体

ジェトロが出展支援する海外展示会

[著者]
大澤 裕（おおさわ・ゆたか）

株式会社ピンポイント・マーケティング・ジャパン (www.ppmj.com) 代表取締役。

1988年慶應義塾大学経済学部卒業、米バンカーストラスト銀行東京支店の企業金融部で日本企業の海外進出支援業務に従事。カーネギー・メロン大学経営学修士課程において特許製品の販路開拓方法を学ぶ。MBA取得後、家業の建築資材会社の特許製品の販売網を構築するべく米国子会社を設立。その経験を活かして、日本企業の海外販路開拓の支援をはじめ、2000年にピンポイント・マーケティング・ジャパン設立。海外のディストリビューターとセールスレップを使った販路網構築・動機づけ・販売の専門家としてアドバイスや人材育成を行っている。販売対象は産業材（包装機器・産業用ポンプ、ＰＤＰ、位置センサー、流量計、電流計、溶接機器）、消費財（手袋、キッチン用品、文具、ギフト製品）等、多岐にわたる。経済産業省研修所、ジェトロ、中小企業大学校をはじめ公共団体での講演も多数。

※本書の内容に関するご質問やご提案などがあれば、books@ppmj.comまでお知らせ下さい。

中小企業が「海外で製品を売りたい」と思ったら最初に読む本

2015年５月28日　第１刷発行

著　者――大澤　裕
発行所――ダイヤモンド社
〒150-8409　東京都渋谷区神宮前6-12-17
http://www.diamond.co.jp/
電話／03·5778·7236（編集）　03·5778·7240（販売）
企画――――小山睦男（インプルーブ）
装丁デザイン――井上新八
本文デザイン――布施育哉
図表デザイン――うちきばがんた
DTP ―――桜井　淳
製作進行――ダイヤモンド・グラフィック社
印刷――――堀内印刷所（本文）・共栄メディア（カバー）
製本――――ブックアート
編集担当――柴田むつみ

ISBN 978-4-478-06132-9